Unser erstes Kunstbuch

Von Frances Kennet und Terry Measham
Übersetzt und bearbeitet von Peter Schmitt

Otto Maier Verlag Ravensburg

Die Reproduktion der Gemälde
erfolgte mit freundlicher
Genehmigung von:
National Gallery, London
Bildnis eines Mannes von Tizian
Schlittschuhläufer bei einer
Wasserburg von Avercamp
Verkündigung an Maria von Crivelli
Badeplatz in Asnières von Seurat
Der Seerosenteich von Monet
Blumen in einer Terrakottavase
von van Huysum
Apfelschimmel wird vom Blitz
erschreckt von Gericault
British Library Board
Der Zweikampf der Ärzte von Mirak
Eisvogel von Shönen
*Vom Künstler, geliehen dem
Museum of Modern Art, New York*
Guernica von Picasso
*The Museum of Modern Art, New York/
Nachlaß Lillie P. Bliss*
Sternennacht von Van Gogh
Privatsammlung, Schweiz
Der Seefahrer von Klee
Tate Gallery, London
Die Weinbergschnecke von Matisse
The National Portrait Gallery, London
Königin Elisabeth I. von unbekanntem
Künstler
Amon Carter Museum, Fort Worth
Der Cowboy von Remington
*Gemäldegalerie, Staatliches Museum
Berlin*
Der Mann mit dem Goldhelm
von Rembrandt
The Minneapolis Institute of Arts
Die Wege des Euklid von Magritte

Fotografen und Bildagenturen
Rodney Todd-White, Umschlag, S. 5, 26
Alphabet and Image, S. 10, 11
Colorphoto Hinz, Basel, S. 16, 17
Michael Holford, S. 32, 33
John Virgus, S. 38
Steve Bicknell, S. 45
Jerry Tubby, S. 46

Berater: Terry Measham (Tate Gallery)
Text Frances Kennet, Terry Measham
Illustrationen: Malcolm Livingstone
Chefredakteur: Beverly Hilton
Umschlaggestaltung: Kirsch & Korn
Übersetzung und Bearbeitung:
Peter Schmitt

5 4 3   82 81 80
© 1978 by Marshall Cavendish Ltd., London
© S.P.A.D.E.M. *pp* 10–11, 14–17, 20–21, 35
Alle Rechte der deutschsprachigen Fassung
liegen
beim Otto Maier Verlag Ravensburg.
ISBN 3-473-37408-3

Über dieses Buch

Inhalt

Bilder sind wie Menschen: Sie können zu dir sprechen, ihr Anblick kann dich glücklich oder zornig machen, erregen oder entspannen. Sie können dich überraschen und verwirren, zum Lachen und zum Weinen bringen. Sie versetzen dich an Orte, die du vielleicht nie in Wirklichkeit betreten wirst, vermitteln dir die Begegnung mit berühmten Persönlichkeiten der Geschichte oder lassen Schauplätze und Begebenheiten in deiner Fantasie erstehen. Es macht Spaß, Bilder anzuschauen. Davon handelt dieses Buch. Stell dir vor, jemand würde dich fragen, was dir zu dem Bild auf dem Umschlag einfällt. Weißt du eine Antwort? Dieses Buch möchte dir zeigen, wie man Bilder anschaut und wie man Worte findet, um das Gesehene zu beschreiben. Du wirst erfahren, warum ein Künstler ein Bild auf eine bestimmte Weise malt, und zu verstehen beginnen, wie alle seine Teile sich zu einem Ganzen zusammenfügen. Das Buch enthält auch Spielvorschläge und Quizfragen, bei denen du dich als Detektiv betätigen kannst. Schließlich wirst du einiges über dich selbst und über andere entdecken. Niemand hat genau dieselben Gefühle wie du; und daher wird sich auch die Art, wie du dich von einem Bild angesprochen fühlst, von der anderer Leute unterscheiden. Bilder zu betrachten, ist nicht so bequem, wie jeden Tag fernzusehen. Aber vielleicht macht es am Ende mehr Spaß. Versuche es einmal!

Was wir uns ansehen wollen

Welches von allen Bildern, die du schon gesehen hast, gefällt dir am besten? Vielleicht ein Poster, das du in deinem Zimmer aufgehängt hast, oder eine Postkarte oder die Illustration in einem Buch. Wenn du Glück hast und in der Nähe einer Gemäldegalerie oder eines Museums wohnst, vielleicht ein berühmtes Original. Hast du dein Lieblingsbild wirklich schon einmal genau angeschaut oder überlegt, wie es gemacht wurde?

Wie schauen wir Bilder an?

Wenn wir ein Bild anschauen, lassen wir unsere Augen gewöhnlich nur schnell darüber hingleiten, um einen ungefähren Eindruck davon zu bekommen.
Vielleicht sind es zuerst bestimmte Farben oder Formen, die dir besonders gefallen. Vielleicht steht am Anfang auch ein Gefühlseindruck, den das Bild bei dir auslöst. Beides ist ein guter Einstieg. Aber wenn du Bilder wirklich genau betrachtest und erfährst, wie sie gemalt wurden, werden sie tatsächlich zu dir „sprechen". Wirf einen kurzen Blick auf das Bild auf Seite 7!
Was fällt dir zuerst auf? Eine Anzahl Leute, die Schlittschuh laufen, ein großes Gebäude, ein kahler Baum? Schau das Bild jetzt genauer an. Denkst du dabei an irgendwelche Geräusche? Vielleicht an das Knakken des Eises, das Lachen von Kindern oder den feinen Ton von Schlittschuhen, die über die Eisfläche fegen? Laß das Bild einfach auf dich wirken und deine Fantasie anregen.

Wir machen uns einen Sucher*

Manchmal ist auf einem Bild so viel zu sehen, daß du dich nur auf einen Teil konzentrieren möchtest. Einen solchen Ausschnitt nennen wir *Detail*. Um ein Detail zu studieren, kannst du einen Sucher verwenden.
1. Auf einem quadratischen Stück Karton ziehen wir in 2 cm Abstand von jeder Kante eine Bleistiftlinie.
2. Verlängere zwei Seitenlinien des inneren Quadrats bis zum Rand. Dabei enstehen zwei L-förmige Haken, die du ausschneidest.
3. Durch Verschieben der Haken können wir unseren Bildsucher größer oder kleiner machen. Wir können damit Bilder im Museum oder Reproduktionen in Büchern genauer zu betrachten.

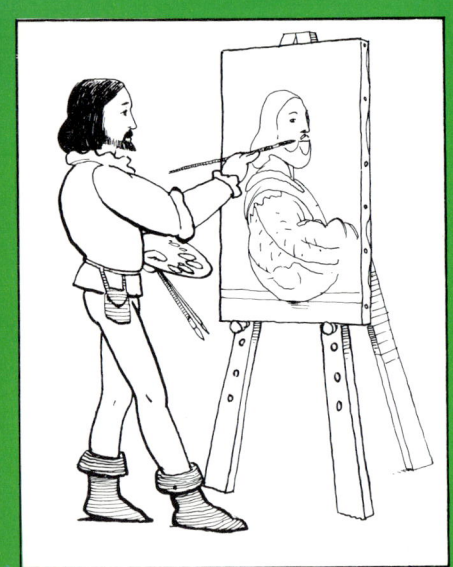

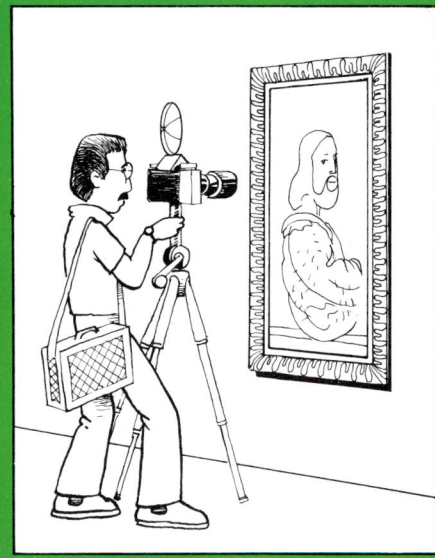

Das *Original* ist das Gemälde, das der Künstler geschaffen hat. In der Regel hängt es in einer Galerie oder einem Museum.

Dort nimmt jemand eine *Fotografie* von dem Gemälde auf.

Sie dient dazu, *Drucke* oder *Reproduktionen* des Originals herzustellen.

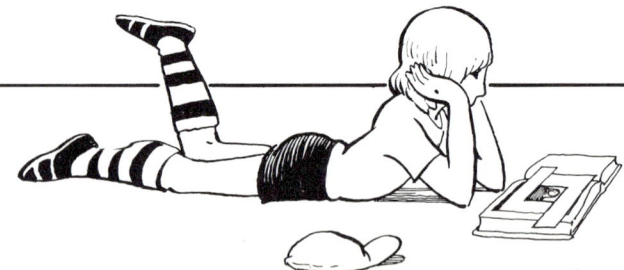

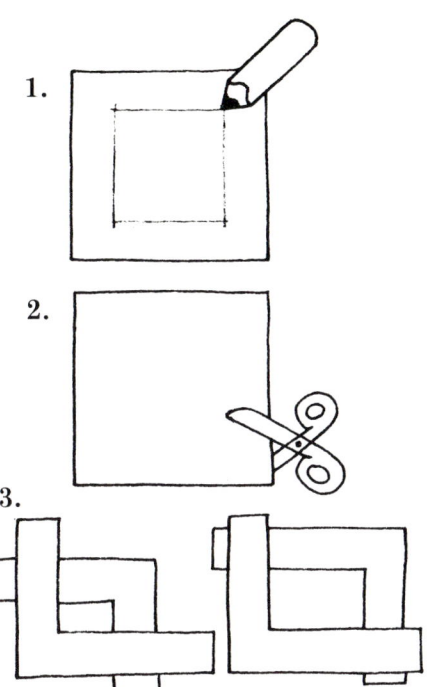

Solche Reproduktionen findest du in Büchern oder auf Kalendern, Postern und Postkarten.

Wie groß ist das Original?

Die Reproduktionen, die du in Büchern oder auf Postkarten siehst, sind oft wesentlicher kleiner als die Originalgemälde. Wenn du in eine Galerie oder ein Museum kommst, wirst du zunächst überrascht sein. Die Originale mancher Gemälde, die in diesem Buch wiedergegeben sind, würden eine ganze Wand in deinem Zimmer oder sogar in eurem Klassenzimmer einnehmen. Wenn du zum Beispiel die Seiten 14–15 aufschlägst, kannst du das Bild mit den schwimmenden und sonnenbadenden Leuten fast mit deinen Händen zudecken. Aber das wirkliche Gemälde ist viel größer – etwa 2 × 3 Meter. Nur das runde Bild mit den Schlittschuhläufern auf Seite 7 und die persische Miniatur auf Seite 9 entsprechen in der Größe etwa den Originalen.

Was in den Bildunterschriften steht

Die Unterschrift zu jedem Bild in diesem Buch sagt dir, wie groß das Original ist. Sie nennt auch den Titel des Bildes, das Datum seiner Entstehung und den Namen des Malers. Wenn du dir die Bilder selbst genau ansiehst, wirst du vielleicht die *Signatur* des Malers, seinen Namenszug, entdecken. Im Vordergrund des Bildes auf Seite 7 kannst du die Buchstaben H.A. sehen; sie stehen für Hendrik Avercamp. Sie sind zu einem hübschen Muster verbunden, das man als *Monogramm* bezeichnet.

* Unter diesem Zeichen findest du Anregungen für eigene Tätigkeiten.

Ein frostklarer Tag

Es ist eine Menge los auf diesem kleinen Bild einer Winterlandschaft: da sind Leute, die Schlittschuh laufen, und andere, die dabei hinfallen; ein Mann schiebt einen Schlitten, andere sitzen beisammen und unterhalten sich oder schauen einfach zu. Das Bild vermittelt den Eindruck bunten, geschäftigen Treibens. Der Maler, von dem es stammt, Hendrik Avercamp, ein Holländer, war taubstumm. Vielleicht hat er alles, was er beobachtet hat, mit dem Pinsel festgehalten, um in Bildern zu sagen, was er in Worten nicht sagen konnte: „Da, schaut euch das einmal an!"

Womit sind die Leute beschäftigt?

Kannst du einen Jungen entdecken, der mit Schneebällen nach einem Mädchen wirft, oder einen Pferdeschlitten, der über das Eis fährt? Siehst du einen Mann, der einer Frau die Schlittschuhe festmacht? Wenn du ganz genau hinschaust, siehst du jemand an einem Fenster stehen und drei Leute auf einem Boot sitzen.

Weit, weit weg

Das Bild hat nur einen Durchmesser von 41 cm — etwa doppelt so viel wie hier im Buch —, und dennoch ist alles so klar, daß du auch entfernte Dinge noch deutlich erkennen kannst. Es ist, als wenn man durch ein Fernrohr blicken würde. Schau, drüben am anderen Ufer ist eine Kirche, und es sieht so aus, als würden die Leute kilometerweit über das Eis gehen. Um diesen Eindruck eines in die Ferne reichenden Blicks zu erzielen, hat Hendrik Avercamp Leute und Bäume vorn im Bild groß gemalt und alles andere kleiner. Miß einmal den Baum ab, der etwa auf halbem Weg rechts am Bildrand steht, und vergleiche ihn mit dem Baum vorn. Du wirst feststellen, daß er nur ungefähr ein Drittel von dessen Größe

hat. Das Mittel zur Darstellung von Entfernungen auf einem Gemälde nennen wir *Perspektive*.

Schau dir das Bild noch einmal an!

Hast du den Mann bemerkt, der zusammengekauert an dem Baumstumpf vorn im Bild hockt? Statt vorn im Bild können wir auch sagen: im *Vordergrund*. Siehst du die Gruppe vornehm gekleideter Tanzpaare? Sie befindet sich im *Mittelgrund* des Bildes. Dann kommt eine Burg und, noch weiter weg, die Kirche, dazu wieder Leute und noch ein Pferdeschlitten. Alles das ist im *Hintergrund* des Bildes.

Stell dir die Menschen lebendig vor!*

Vielleicht fällt dir eine Geschichte zu den Leuten ein, die da im Mittelgrund Schlittschuh laufen. Welche von ihnen wohnen wohl in der Burg und welche kommen aus dem Dorf oder der Stadt?

Hintergrund

Mittelgrund

Vordergrund

Schlittschuhläufer bei einer
Wasserburg
von Hendrik Avercamp
gemalt um 1609
Durchmesser 41 cm

Die todbringende Rose

Das ist ein geheimnisvolles Bild. Kannst du erzählen, was darauf geschieht? Ein König sitzt auf einem Thron, umgeben von seinen Höflingen. Am Boden liegt ein Toter, dem der Turban vom Kopf gefallen ist, und neben dem Leichnam eine Rose. Ein anderer Mann betrachtet die Szene mit hämischem Grinsen – er scheint sich sogar schadenfroh die Hände zu reiben. Alle anderen blicken verblüfft drein.

Nun kannst du freilich den Inhalt dieses Bildes nicht ganz erfassen, indem du es einfach betrachtest, auch wenn du dich noch so sehr bemühst. Das Bild ist nämlich eine *Illustration* zu einem Buch. Es wurde vor mehr als vierhundert Jahren in Persien (dem heutigen Iran) gemalt. Sobald du die Geschichte kennst, zu der es gehört, wird dir das Bild eher verständlich sein. Hier ist sie.

Es war einmal ...

Vor vielen hundert Jahren, als die persischen Sultane über große Reiche herrschten, fand zwischen zwei Ärzten ein Wettstreit statt, wer von ihnen der Leibarzt des Königs werden sollte. Der erste Doktor verfertigte nach einer langen Liste geheimer Zutaten eine tödliche Pille. Wer sie aß, starb unter furchtbaren Schmerzen und Krämpfen. Der Doktor forderte nun seinen Rivalen auf, die Pille zu versuchen. Dieser schluckte sie mit einem Lächeln. Er hatte nämlich bereits eine seiner eigenen Zauberpillen eingenommen, und die tödliche Arznei hatte überhaupt keine Wirkung.

Der Sultan und sein ganzer Hofstaat schauten gespannt zu, als der zweite Arzt nun eine wunderschöne rote Rose im Garten pflückte. Er küßte die Blütenblätter, flüsterte einen Zauber in das Herz der Blume und überreichte sie seinem Gegner. Kaum hatte dieser sie an die Lippen gehoben, als er tot zu Boden stürzte. Sein listiger Rivale hatte gesiegt.

Was der Sultan alles sehen konnte

Das ist die Szene, die der persische Künstler Aqa Mirak in dem Geschichtenbuch illustriert hat. Er wollte seinem Herrn, dem Schah Tahmasp von Täbris, schmeicheln und malte daher den Sultan der Geschichte so, daß er dem lebenden Herrscher gleichsah. Du kannst ihn sehen, wie er unter einem Baldachin auf einem Thron sitzt.

Der Künstler wollte, daß Schah Tahmasp sich freute, wenn er die Enten im Teich, die prächtigen Fliesen auf dem Boden, die Blumen im Garten und das Pferd des Reisenden in der Ferne anschaute. Wenn man von einer Stelle aus die Szene betrachtet, könnte man alle diese Einzelheiten gar nicht erkennen. Aber Aqa Mirak kümmert sich nicht viel um Perspektive; er ist mehr daran interessiert, die verschiedensten Dinge auf seinem Bild unterzubringen. Stell dir vor, wie der Schah die Blätter des kleinen, in Leder gebundenen und mit Gold verzierten Buches umwendet. Wahrscheinlich lächelt er vergnügt über die Schönheit des Bildes vom Zweikampf der Ärzte.

Farben wie Edelsteine

Sind diese Farben nicht bezaubernd? Es ist, als ob man in ein Kästchen mit Juwelen blickte. Die Farben strahlen geradezu; sie wurden auch wirklich aus kostbaren Steinen und Metallen gefertigt. Das blaue Gewand des schadenfrohen Doktors ist mit einer Farbe gemalt, die aus einem Halbedelstein, dem Lapislazuli, gewonnen wurde. Zu Pulver zermahlen und mit Pflanzengummi gemischt, ergab er eine Malfarbe. Silber und Gold wurden zu feinen Blättchen geschlagen und in das Bild eingefügt.

Ein wirksames Bühnenstück*

Wenn ihr gerne Theater spielt, könntest du mit deinen Freunden einmal die Geschichte von der todbringenden Rose aufführen.

**Der Zweikampf der Ärzte
von Aqa Mirak
wahrscheinlich zwischen 1539
und 1543 gemalt
Größe 21 x 29 cm**

Die Schrecken des Krieges

Dieses Bild zeigt dir die Schrecken und das Leid des Krieges. Eine Frau, ihr totes Kind in den Armen, schreit in unbändigem Schmerz auf. Ein Pferd, von einem Speer durchbohrt, brüllt seine Qual hinaus. Am Boden liegt ein Sterbender, ein zerbrochenes Schwert in der Hand. Auf der rechten Seite stürzt eine Frau mit brennenden Kleider aus einem Haus, das in Flammen steht. Alle Gestalten sind seltsam verzerrt.

Eine Stadt namens Guernica

Das Bild wurde von Pablo Picasso 1937 gemalt. Den Künstler erfüllte heftiger Zorn über den Bürgerkrieg, in den ein Militärputsch seine Heimat Spanien gestürzt hatte. Er war besonders entsetzt über die Nachricht eines barbarischen und sinnlosen Luftangriffs auf die kleine baskische Stadt Guernica. Diese war am 24. April 1937 von Flugzeugen der deutschen „Legion Condor", mit deren Einsatz Hitler die spanischen Militärs unterstützte, bombardiert worden. Picasso malte dieses Bild, um zu zeigen, wie grauenhaft der Krieg ist, wie er alles vernichtet und zerstört, und er benannte sein Gemälde nach der Stadt Guernica. *Guernica* ist ein riesiges Gemälde, größer als die Wand eines gewöhnlichen Wohnzimmers.

Laute des Schreckens

Auf diesem Bild gibt es keine Farben, nur Schwarz, Weiß und Grautöne. Aber du kannst die schaurigen Geräusche hören – das Schreien, Brüllen, Stöhnen. Wie schafft der Maler diese Töne der Qual? Vielleicht dadurch, daß er alles zerbrochen, häßlich und scharfkantig malt? Welche Geräusche und Gefühle rufen das Liniengewirr und die massigen schwarzen Flächen in dir wach?

Die Stimmung des Malers

Was in *Guernica* am stärksten zum Ausdruck kommt, ist wohl der Zorn und Schmerz des Künstlers. Wie hat Picasso dir diese seine Stimmung vermittelt? Du hast die schrecklichen Geräusche gehört, die scharfen Umrißlinien und das Fehlen von Farben bemerkt. Schau dir jetzt einmal die Gesichter an: Sie sind nichts weiter als große weiße Flecken mit weit geöffneten Augen und schreienden Mündern. Du kannst in jedem Gesicht zwei Augen sehen, gleichgültig welche Seite es dir zuwendet. Wie bei einem Toten sind die Augen aufgerissen und starr. Am oberen Rand des Bildes hängt eine nackte Glühbirne. Ihr grelles Licht greift in den Raum aus, um die Schrecken des Krieges zu enthüllen. Die Strahlen, die von der Birne ausgehen, sind wie scharfe, spitze Zähne. Der Maler hat sie so stechend gemacht, um den Betrachter aufzuschrecken.

Alle diese Details verwendet Picasso, um zu zeigen, daß etwas Schreckliches geschieht.

Ein Aufruf an alle

Hast du schon einmal einen Kriegs-
bericht im Fernsehen gesehen? Hast
du je darüber nachgedacht, wie Menschen und Tiere im Krieg verstüm-
melt und getötet werden? Obwohl
Picasso sein Bild aus Erschütterung
über die Ereignisse im spanischen
Bürgerkrieg gemalt hat, könnte *Guernica* ein Bild des Protestes gegen
jeden Krieg sein. Das ist ein Grund
dafür, warum es so berühmt geworden ist. Menschen in aller Welt, die
es betrachten, können verstehen,
was der Künstler sagen wollte.

Guernica
von Pablo Picasso
gemalt 1937
Größe 351 x 782 cm

Ein doppelter Festtag

Dieses Gemälde von Carlo Crivelli wirkt auf den ersten Blick verwirrend. Das kommt daher, daß der Künstler auf diesem Bild zwei Geschichten ineinandergewoben hat.

Die Verkündigung

Die erste Geschichte – von der Verkündigung an Maria – stammt aus der Bibel: In ihr wird berichtet, wie der Erzengel Gabriel die Jungfrau Maria besucht, um ihr zu sagen, daß sie von Gott auserwählt wurde, seinen Sohn, Jesus, zur Welt zu bringen.

„Verkündigung" ist ein etwas altertümliches Wort, es bedeutet soviel wie Ankündigung, Bekanntmachung, Nachricht. Auf unserem Bild kniet der Engel auf der Straße. Du erkennst ihn an seinen Flügeln. Maria befindet sich im Innern des Hauses; sie hat den Kopf geneigt und betet.

Aber die Szene erinnert so gar nicht an ein Land des Nahen Ostens, wo Maria lebte. Statt heißer, staubiger Straßen gibt es auf ihm kühle, gepflasterte Wege und Schalen mit Pflanzen. Aus den schönen Kleidern und den reich geschmückten Gebäuden kannst du schließen, daß das Geschehen in eine andere Zeit und an einen anderen Ort verlegt wurde. Und das bringt uns zu der zweiten Geschichte.

Ascoli feiert

Im Jahr 1482 wurde der kleinen italienischen Stadt Ascoli vom Papst, zu dessen Herrschaftsbereich sie gehörte, die Selbstverwaltung eingeräumt. Diese Neuigkeit erfuhren die Bürger von Ascoli am 25. März, dem Tag, an dem Mariä Verkündigung gefeiert wird. Die lateinische Inschrift am unteren Rand des Bildes nennt den Anlaß ausdrücklich: Freiheit von der kirchlichen Verwaltung.

Schau, wie geschickt der Künstler die Verkündigungsszene mit der Nachricht von der Unabhängigkeit Ascolis verknüpft hat. Er hat den Erzengel Gabriel gemalt, der vor Marias Haus kniet, und neben ihn den Heiligen Emidius, den Schutzheiligen der Stadt. Der Heilige hält ein Modell von Ascoli in den Händen. Er zeigt es Gabriel, als wollte er sagen: „Schau dir unsere Stadt an, können wir nicht stolz auf sie sein?"

Eine Stadt innerhalb der Stadt

Das Modell zeigt, daß Ascoli eine stark befestigte Stadt war. Du kannst Verteidigungstürme und ein schweres Tor in der Stadtmauer erkennen. Crivelli hat eine Menge weiterer Einzelheiten auf diesem winzigen Teil seines Bildes untergebracht: Fenster, Einfahrten, Torbogen. Man kann sogar die Linien im Mauerwerk und die Muster der Dachziegel unterscheiden.

Geschichte wird lebendig

Auf den ersten Blick wirkt Carlo Crivellis Gemälde heute vielleicht altmodisch; aber es erzählt uns eine Menge über das Italien des 15. Jahrhunderts. Die Bürger, die aus ihren Häusern gekommen sind, um die Neuigkeiten zu hören, tragen ihre Alltagskleider. Die Jungfrau Maria sieht in ihrem hübschen Gewand und ihrem eleganten Haus aus wie eine vornehme Dame. Aus dem Bild erfahren wir, wie die Kleider, die Möbel und die Häuser damals ausgesehen haben. Da es bis vor etwa hundert Jahren keine Fotografie gegeben hat, sind Bilder wie dieses wichtige Zeugnisse, die uns viel über die Vergangenheit enthüllen.

Muster und Ornamente

Bis zu einem gewissen Grade nimmt man die Gebäude und die reizvollen Muster wahr, bevor man die Personen auf dem Bild bemerkt. Schau dir zum Beispiel die mit reicher Steinmetzarbeit verzierten Pfeiler von Marias Haus an. Weitere Ornamente laufen rings um das Gesims unter dem ersten Stock. Die Zimmer haben gemusterte Decken, und auch Vorhänge, Teppiche und Kleider sind mit üppigen Mustern überzogen. Sogar der Brückenbogen hat feine Verzierungen. Und schau! Über das Brückengeländer ist noch ein zweiter gemusterter Teppich gebreitet.

Wer zählt die Muster?*

Wie viele verschiedene Muster gibt es wohl auf dem Bild? Vergiß nicht, den Schwanz des Pfaus mitzuzählen.

Verkündigung an Maria von Carlo Crivelli gemalt 1486 Größe 207 x 147 cm

LIBERTAS · ECCLESIASTICA

Ein Hochsommertag

Versuche einmal, dir vorzustellen, wie heiß es an einem wolkenlosen Hochsommertag ist. Wenn du dieses Bild anschaust, kannst du die Hitze eines solchen Tages beinahe spüren. Es zeigt ein paar Leute, die in der Sonne ihre Zeit totschlagen. Einige liegen am Ufer, andere baden; in der Ferne sieht man allerlei Boote. Der Junge mit dem orangefarbenen Hut pfeift oder ruft vielleicht einem Freund. Aber alle diese Tätigkeiten gehen sehr langsam vor sich — findest du nicht? Du kannst in den Gesichtern und auf den Kleidern der Leute am Flußufer keine Einzelheiten erkennen; aber sie machen einen ruhigen, trägen Eindruck, dösen anscheinend nur so vor sich hin. Jedenfalls reden sie wohl kaum miteinander.

Auch die Landschaft enthält keine Einzelheiten. Alles wirkt seltsam verschwommen. Achte einmal darauf, wie das Sonnenlicht durch die Bäume flimmert und das Wasser an tausend Stellen aufglänzen läßt. Siehst du, wie aus den Kaminen in der Ferne der Rauch aufsteigt und sich am Himmel verflüchtigt? Kein Luftzug regt sich. Der Künstler hat ein friedliches Bild völliger Ruhe gestaltet.

Ein Verstoß gegen die Regeln

Georges Seurat malte den *Badeplatz in Asnières* mit 24 Jahren. Damals wurden auf großen Gemälden Götter und Göttinnen oder bedeutende Ereignisse der Geschichte dargestellt. Es war höchst ungewöhnlich, auf einer 2 x 3 Meter großen Leinwand eine Alltagsszene wiederzugeben. (Die Figuren auf dem Bild haben etwa die Größe wirklicher Menschen.)

Ein riesiges Bild zu malen, auf dem eine Gruppe von Leuten den Nachmittag verdöst, war eine Herausforderung. Seurats Gemälde wurde auch prompt für die Ausstellung, auf der er es zeigen wollte, nicht zugelassen.

Die Anordnung der Figuren

Um die sonnendurchflutete Atmosphäre einzufangen, stand Seurat am Flußufer von Asnières (einem Vorort von Paris) und hielt die Farben der Szene in einer Skizze fest. Zu Hause in seinem Atelier zeichnete er dann mit Kohle die Leute.
Wenn er anfing zu malen, behandelte Seurat die Leinwand ähnlich wie ein Bühnenbild. Er malte zuerst die Szenerie, dann setzte er die Figuren hinein.

Eine neue Art zu malen

Einige der Farben, die Seurat in seinem Gemälde verwendet, sind diejenigen, die er sich am Ufer von Asnières notiert hatte.
Wenn du das Bild genau betrachtest, wirst du feststellen, daß er für das Gras Striche von verschiedenen Farben benützt. Das Wasser malt er mit breiten, glatten Pinselstrichen. Gras und Wasser scheinen das warme, gelbe Sonnenlicht zu reflektieren. Aber Seurat experimentiert auch mit Farbkombinationen. Der orangefarbene Hut des Jungen besteht aus winzigen, dicht beieinanderliegenden Punkten verschiedener Farbe. Später malte Seurat alle seine Bilder, indem er die Formen aus Tausenden kleiner, farbiger Punkte aufbaute.

Eigene Versuche*

Wenn du genügend Geduld aufbringst, könntest du versuchen, selbst ein Bild — vielleicht auch einen Hut — aus Punkten zu malen.

**Badeplatz in Asnières
von Georges Seurat
gemalt 1883—84
Größe 201 x 302 cm**

Schau dir den Hut des Jungen genau
an. Du wirst feststellen, daß er aus
kleinen Farbpunkten besteht, die
zu Orange verschmelzen. Seurat
hat den Hut auf diese Weise über-
malt, lange nachdem er das Bild voll-
endet hatte.

Sindbad fährt zur See

Der Seefahrer
von Paul Klee
gemalt 1923
Größe 38 x 52 cm

Auf diesem Bild siehst du einen kleinen, mit einer Harpune bewaffneten Mann und drei riesige Fische. Ist das nicht eine komische Szene? Die Fische sind so groß, daß sie den Mann samt seinem Boot verschlingen könnten. Und der Fischer ist auch eine etwas merkwürdige Figur. Schau dir einmal die spitzen Federn auf seinem Hut und das Zickzackmuster auf seinem Gewand an. Überdies ist das Boot viel kleiner als ein übliches Fischerboot.
Ist dir aufgefallen, daß der Mann, sein Boot und die Fische sich in einem Meer aus farbigen Quadraten befinden? So sieht in Wirklichkeit doch kein Ozean aus!
Kannst du dir vorstellen, wie Paul Klee darauf gekommen ist, sein Bild gerade so zu malen?

Ein Zaubermärchen

Sindbad der Seefahrer ist eine Märchengestalt, und die Geschichten über ihn sind voll von allerhand Zauberei. Auf Klees Bild kannst du beobachten, daß Sindbad einen Fisch harpuniert – aber weder der Mann noch das Tier sehen so aus, als ob sie in die wirkliche Welt gehörten. Es ist eine fantastische Szene, die der Künstler gestaltet hat, keine wirkliche Begebenheit.

Macht der Künstler sich einen Spaß?

Schau dir die drei Fische genauer an. Obwohl jeder anders aussieht, haben ihre Schuppenmuster gewisse Ähnlichkeit. Und wie steht es mit dem Muster auf Sindbads Hemd? Es gleicht dem auf seinem Boot. Hast du je gehört, daß ein Fischer sein Boot so anmalte, daß es zu seinen Kleidern paßte? Könnte es sein, daß Klee einfach Spaß daran hatte, diese farbigen Muster zu erfinden?

Farbfelder

Siehst du, wie die Farbe des Ozeans sich ändert, wenn du deinen Blick von einem Quadrat zum nächsten wandern läßt? Klee hat seine Farben sorgfältig abgestuft, von tiefen Blau- und Violettönen an den Ecken bis hin zu ganz hellem Blau und Weiß in der Mitte. Das erinnert an das Steigen und Fallen der Wellen und daran, wie das Meer ständig seine Farbe wechselt.
Verfolge die Begrenzungslinien der Quadrate und beachte, wie sie sich mit den Mustern auf Sindbad, seinem Boot und den Fischen verbinden. Es sieht so aus, als würde der Künstler mit den farbigen Karos spielen.

Gedanken des Künstlers

Klees Gemälde ist sicher nicht gerade feierlich. Der Maler hat Freude an der Gestaltung seiner farbigen Muster. Aber er hat auch ernsthaft über die Menschen und die Natur nachgedacht. Klee glaubte, daß alle Geschöpfe in einer ausgewogenen Ordnung miteinander leben. Das erklärt vielleicht, warum er in seinem Bild alles in ein umfassendes Muster eingefügt hat.

Wir verfolgen die Linien*

Lege ein Stück Transparentpapier über einen der Fische und fahre alle Linien nach, aus denen sein Körper besteht. Du wirst feststellen, daß du ein winziges Fischgrätenmuster erhältst. Versuche ähnliche Fische zu entwerfen.

Was würdest du sagen?

Wir haben diese Bilder mit einer Gruppe von Kindern angeschaut: Verena (9 Jahre), Bettina (8 Jahre), Gabi (8 Jahre), Nina (7 Jahre), Johannes (6 Jahre), Murat (7 Jahre).

Möchtest du wissen, was die sechs zu den Bildern gesagt haben? Welches, meinst du, war ihr Lieblingsbild?

Nun, ein Bild, für das sich alle gleichermaßen entschieden hätten, gab es nicht. Die Vorlieben waren sehr verschieden. Murat, der aus der Türkei stammt, gefiel das Bild des persischen Malers Aqa Mirak am besten, „weil es so bunt angemalt ist". Johannes bevorzugte die Winterlandschaft von Avercamp wegen der Burg mit dem Turm, dem Treppengiebel und den zahlreichen Anbauten.

Nina fand das Wasser auf Seurats Bild besonders schön. Kannst du die Wahl, die die drei getroffen haben, verstehen? Offenbar haben sie alle ein besonderes Merkmal an ihrem Lieblingsbild erkannt – die Farbigkeit der persischen Illustration, den Detailreichtum von Avercamps Bild, die verhaltene Stimmung von Seurats Szene am Fluß.

Bettina und Verena beschäftigte das Verkündigungsbild besonders. „Es sieht genauso aus, wie wenn es echt wäre", stellte Verena fest. Das fanden die anderen Kinder auch; sie wiesen auf die sorgfältig ausgeführten Details hin, den Pfau, den Teppich, die Tauben. Bettina fühlte sich an ein Schloß erinnert: „So viele schöne Sachen, wie beim König." Würdest du ihr zustimmen?

Die Verkündigungsgeschichte war den Kindern bekannt; deshalb konnten sie die Darstellung verstehen und merkten auch, daß der Bischof (der Heilige Emidius) nicht dazugehörte.

Auf dem persischen Bild haben die Kinder ebenfalls eine Menge erkannt; Murat deutete die Gestalt unter dem Baldachin richtig als den König. An den Kleidern sahen die Kinder, daß die Szene in einem anderen Land spielte, auch wenn ihnen der Name Persien nicht einfiel. Sie waren sich aber einig, daß es nicht China sei, denn dort gäbe es keine Turbane. Als Verena auf den tot am Boden Liegenden deutete und fragte: „Was ist denn mit dem los?", wußte allerdings niemand eine Antwort.

Hier mußte den Kindern erst die Geschichte vom *Zweikampf der Ärzte* erzählt werden.

Klees *Seefahrer* hatte zwar keines der Kinder zu seinem Lieblingsbild erklärt, sie fanden es aber beim gemeinsamen Anschauen ganz lustig. Während sie anfangs noch versuchten, die drei Seeungeheuer als Fisch, Wasserschlange und „Seerobbe" zu unterscheiden, merkten sie beim genaueren Hinsehen, daß es so etwas „nur in der Fantasie" gibt. Daß hier kein richtiger Fischer gemalt war, erkannte Johannes: „Der hat so einen Hut auf, daß er gar nichts sieht." Stimmt doch – oder?

Natürlich haben die Kinder sich lauter „freundliche" Lieblingsbilder ausgesucht. *Guernica* gehörte nicht dazu. Als sie dieses Bild sah, sagte Bettina spontan: „Sieht aus wie in der Höll'."

Das Bild weckte in ihr auch Erinnerungen an mittelalterliche Folterszenen mit Daumenschrauben und „spitzen Rädern", die sie einmal im Fersehen gesehen hatte. Gabi dachte an Gespenster und meinte, daß man vor dem Bild Angst haben müsse.

Die beiden haben also sehr genau gespürt, was Picasso ausdrücken wollte, noch ehe sie wußten, aus welchem Anlaß das Bild gemalt war. Nachdem sie ihn erfahren hatten, äußerten sie: „Da hat er (Picasso) nicht schön malen können!"
Würdest du ihnen zustimmen? Oder was würdest du sagen . . .?

Nicht jeder sieht dasselbe

Hast du schon einmal beobachtet, wie eine Wiese in wechselnden Farben aufleuchtet, wenn der Wind darüber hinstreicht? Diesen Vorgang kannst du auf dem Bild von Claude Monet wiederentdecken. Wenn du es mit halbgeschlossenen Augen betrachtest, geschieht etwas Seltsames: Es ist, als würden die Farben zu tanzen beginnen.

Monet ist vom Spiel des Lichts auf dem Wasser und den Pflanzen fasziniert. Er möchte uns einen Eindruck davon geben, wie ein Teich mit Seerosen an einem warmen Sommertag aussieht. Dazu bedarf er keiner Details. Man erkennt auf dem Bild weder die einzelnen Grashalme, noch die Blütenblätter oder die Zweige der Bäume. Aber man spürt geradezu, wie saftig und dicht das Gras am Ufer steht und wie das Licht auf der Wasserfläche glänzt.

Licht und Farbe

Der Seerosenteich ist ein Bild von Monets eigenem Garten, den er sich bei seinem Haus in dem kleinen Dorf Giverny angelegt hat. Der Künstler stand dort und malte die Farben des Teichs und seiner Umgebung so, wie er sie sah.

Du wirst auf diesem Bild kein Schwarz entdecken. Alle Schatten sind mit Blau, Grün und anderen dunklen Farbtönen wiedergegeben. Monet liebt es, mit solchen satten Farben zu malen. Achte einmal darauf, wie er die Pinselstriche ineinanderfließen läßt; auf diese Weise erhalten wir einen lebendigen Eindruck davon, wie das Licht auf die Szene fällt.

**Der Seerosenteich
von Claude Monet
gemalt um 1899
Größe 88 x 92 cm**

Ein Garten aus Mustern

Schau dir die Bäume und Blumen im *Zweikampf der Ärzte* an. Du kannst jede Einzelheit erkennen, aber verglichen mit Monets Garten wirkt dieser hier „unwirklich". Das kommt daher, daß Aqa Mirak die Oberfläche des ganzen Bildes mit Mustern überzieht. Licht und Bewegung interessieren ihn nicht. Weißt du noch, daß er eine Geschichte illustriert?

Ein leichter Holzsteg

Hast du dir die Brücke auf Monets Bild schon angesehen? Sie ist ein Zeichen dafür, daß Menschen diesen Garten betreten können, auch wenn auf dem Bild selbst niemand zu sehen ist. Aber es ist eine recht zerbrechliche Brücke. Du kannst keine Stützen entdecken. Und du kannst auch nicht sehen, wo die Brücke anfängt und aufhört. Sie scheint über dem Wasser zu schweben, geradeso wie die Seerosen auf dem Teich. Monet geht es nicht um die Konstruktion der Brücke – es ist das Spiel von Licht und Schatten, das ihn fasziniert.

Eine feste Brücke

Erinnerst du dich an die Brücke in Crivellis *Verkündigung an Maria?* Sie hat mit Monets leichtem Steg kaum etwas gemeinsam. Schau dir den mächtigen Bogen an – du kannst sicher sein, daß er die Leute, die darübergehen, trägt.
Crivelli schenkt den Architekturdetails in seinem Bild große Aufmerksamkeit. An der Brücke beispielsweise sind alle Einzelheiten des Aufbaus gut zu erkennen, die Stützpfeiler, der Bogen – sogar die Ornamente.

Verschiedene Arten, etwas zu sehen*

Wahrscheinlich ist dir nun deutlich geworden, daß Künstler zu verschiedenen Zeiten verschieden gemalt haben. Das macht es so aufregend, Bilder anzuschauen. Wir entdecken auf ihnen immer wieder neue Möglichkeiten, die Welt zu sehen.
Daß wir alle unsere Umwelt unterschiedlich wahrnehmen, kannst du bei einem Spiel mit Freunden ausprobieren. Jemand sagt z.B. „Bahnhof". Nun notiert sich jeder Mitspieler das erste Wort, das ihm dazu einfällt – etwa „laut", „rußig", „Blechdosen", „Lokomotive" usw. Es werden ganz verschiedene Wörter sein. Versucht das Spiel auch mit anderen Wörtern, wie „Schule" oder „Fußballplatz".

Ein Blick auf die Natur

Auf diesem prächtigen Gemälde des holländischen Malers Jan van Huysum siehst du eine Vase mit Blumen. Die Genauigkeit, mit der sie gemalt ist, macht van Huysum nicht leicht jemand nach. Du kannst jedes Blatt und jede Blüte deutlich unterscheiden – sogar die Punkte auf den Eiern in dem kleinen Nest sind genau zu erkennen. Trotzdem ist das Bild nicht naturgetreu: Man wird niemals alle diese Blumen zur selben Zeit des Jahres blühen sehen.

Blumen in einem Stilleben

Es stört van Huysum nicht, daß sein Bild nicht einer bestimmten Jahreszeit entspricht. Er scheint eher sagen zu wollen: „Schaut euch all die wunderbaren Dinge an, mit denen die Natur uns erfreut!" Nur benützt er dazu keine Worte, sondern malt ein Bild mit allen Blumen, die er finden kann. Ein solches Gemälde nennen wir *Stilleben* – wir meinen damit ein Bild, auf dem die Dinge vom Künstler willkürlich angeordnet sind.

Mit den Augen einer Biene

Wenn du ein Stück Moos oder eine Blüte durch ein Vergrößerungsglas betrachtest, entdeckst du eine ganz neue Welt mit komplizierten Mustern und überraschenden Einzelheiten. Aber was, wenn jemand dich bäte, diese Blüte zu zeichnen? Würdest du alles, was du *weißt,* in deinem Bild unterzubringen versuchen oder nur das zeigen, was du mit bloßem Auge sehen kannst?

Blumen in einer Terrakottavase
von Jan van Huysum
gemalt 1736–37
Größe 134 x 92 cm

Bewegung in einem Teich

Was will Monet uns über die Blumen in seinem Seerosenteich sagen? Es ist ganz deutlich, daß er eine Naturszene und kein Stilleben malt, nicht wahr? Monet zeigt uns keine Einzelheiten an den Seerosen. Statt dessen läßt er uns erleben, wie das Licht auf die Blüten fällt und wie sie träge schwanken, wenn ein Windhauch den Teich bewegt. Er verzichtet darauf, jedes Blatt und jeden Stengel vorzuführen, von deren Vorhandensein er *weiß*. Sein Interesse ist es auch, viele satte Farben in seinem Bild zu verwenden. Wie viele verschiedene Farben kannst du auf diesem Fleck mit Seerosen sehen?

Sowohl in Monets wie in van Huysums Gemälde geht es um ein Stück Natur. Aber beide lassen uns etwas ganz Verschiedenes sehen und empfinden.

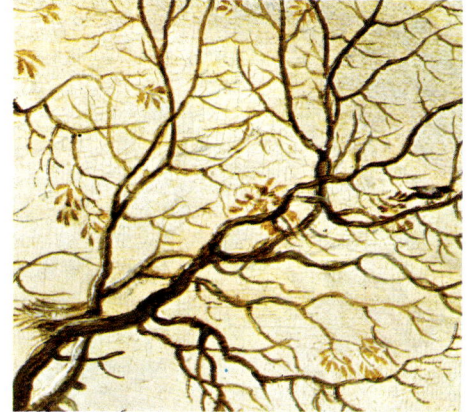

Alle möglichen Bäume

Manchmal verwendet ein Maler Pflanzen oder Bäume als Hilfsmittel, um eine bestimmte Szene oder Stimmung in einem Bild einzufangen. Schau dir diesen Baum aus dem Bild von Hendrik Avercamp an. Sein scharf gezeichneter Umriß sagt uns, daß die Luft klar und kalt ist. Zwar steht der Baum nicht im Mittelpunkt des Gemäldes, aber er hilft dem Künstler, die eisige Kälte des Winters darzustellen. In dem Ausschnitt unten sind ein paar Bäume aus Seurats Gemälde *Badeplatz in Asnières* zu sehen. Das Sonnenlicht scheint wie durch einen Dunstschleier auf sie herab. Dieser Teil des Bildes vermittelt dem Betrachter das Gefühl eines heißen, stillen Tages am Flußufer.

Ein kleiner Blumentopf

Du erinnerst dich wahrscheinlich daran, daß das Bild der *Verkündigung an Maria* Menschen und Gebäude enthält. Aber hast du auch diese Topfpflanze auf der Balkonbrüstung von Marias Haus bemerkt? Die Blätter sind ganz genau wiedergegeben, und der Topf hat eine hübsche Form. Crivelli hat dieses kleine Stilleben in sein Gemälde eingefügt, um Marias Haus echt und bewohnt wirken zu lassen. In seinem Bild gibt es noch

andere stillebenartige Details, darunter Bücher, Schüsseln, eine Kerze und drei weitere Topfpflanzen, außerdem ein Stück Obst und Gemüse. Blättere zurück auf Seite 13 und schau, ob du alle diese Details finden kannst.

Wir suchen nach Details*

Denke daran, daß du ein kleines Stück aus einem Gemälde betrachten kannst, wenn du dir, wie auf Seite 4–5 beschrieben, aus Karton einen Sucher anfertigst. Du könntest ihn verwenden, um die kleinen Stilleben in Crivellis Bild ausfindig zu machen.

Allerlei Pferde

Auf diesem Bild ist etwas los! Das Pferd scheint fast mit den Hufen abzugleiten, während es um den kahlen, staubigen Hügel jagt. Das muskulöse Tier und der gleichermaßen kräftige Cowboy sind ganz aufeinander eingespielt, sie beugen sich gegen den Hang, um das Gleichgewicht zu halten. Achte einmal darauf, wie Frederic Remington Mähne und Schwanz mit raschen, breiten Pinselstrichen gemalt hat. Dadurch erhalten wir den Eindruck, daß das Pferd wirklich in Bewegung ist. Das Tier und sein Reiter wirken hervorgehoben — und einsam, weil der Hintergrund kaum Einzelheiten enthält.

Heutzutage kommen Cowboys nur noch in Filmen vor. Aber als Remington dieses Bild malte, gab es den Wilden Westen noch wirklich.

Das Pferd eines Edelmannes

Das persische Pferd und sein Reiter wirken außerordentlich elegant. In der Krümmung des Halses liegt etwas, das uns an ein edles Tier denken läßt.

Dieses Pferd kommt in der Illustration zu der Geschichte vom *Zweikampf der Ärzte* vor. Aber es wirkt nicht „lebendig". Der Künstler ist mehr an den Mustern und am Umriß des Pferdes interessiert als daran, die Wirklichkeit wiederzugeben.

Der Cowboy von Frederic Remington gemalt 1902 Größe 102 x 70 cm

**Apfelschimmel wird vom Blitz
erschreckt
von Théodore Géricault
gemalt 1813
Größe 49 x 60 cm**

Ein gequältes Pferd

Dieses Tier sieht seltsam verdreht aus, gar nicht wie Pferde in Wirklichkeit aussehen. Aber du kannst mit Bestimmtheit sagen, daß es ein Pferd ist. Schau dir den gestreckten Hals und die entblößten Zähne an. Du kannst geradezu hören, wie das Tier vor Schmerz und Angst aufwiehert. Erinnerst du dich an dieses Pferd aus dem Bild *Guernica*? Picasso war durchaus in der Lage, ein Pferd genau zu zeichnen. Aber er verrenkte die Form dieses Pferdes, um uns seinen Schmerz und die Grausamkeit der Szene spüren zu lassen.

Schau dir andere Tiere an*

Vielleicht hast du selber eine Katze oder einen Hund. Oder ein Freund hat einen, den du dir ansehen kannst. Wenn du jemand etwas über dieses Tier mitteilen möchtest, indem du ein Bild malst, was würdest du dann zeigen? Die aufmerksam gespitzten Ohren? Oder das freudige Wedeln mit dem Schwanz? Oder das seidige Fell und die glänzenden Augen eines durch und durch gesunden Tieres?

Schau dir dagegen das Bild eines Rennpferdes von Géricault an. Ist es nicht ein schönes, rassiges Tier? Sein Fell ist glänzend, und jede Sehne seines Körpers ist gespannt, als wollte es gleich losgaloppieren. Liegt es nur an der Art, wie der Künstler Körper und Beine des Pferdes wiedergegeben hat, daß das Tier so lebendig aussieht? Oder gibt es noch andere Gründe dafür? Ein Maler kann Einzelheiten übertreiben, um seinem Bild größere Spannung zu geben. Dieses Pferd wirkt aufgeregt – du kannst das Weiße in seinem Auge erkennen. Um der dramatischen Wirkung willen hat der Maler schwarze Gewitterwolken und einen regenschweren Himmel eingefügt.

Diese Einzelheiten steigern die Spannung. Sie lassen das Pferd lebendiger, schneller und edler erscheinen. Obwohl es still steht, scheint das Bild zu sagen: Schau, wie geschwind und stark dieses Geschöpf ist.

Bilder von Menschen

Ohne Worte zu benützen, teilen wir einander eine Menge mit. Deine Mutter zum Beispiel weiß sofort, daß dir etwas fehlt, wenn du „ein bißchen blaß" aussiehst. Und was sagt nicht ein Erröten alles aus?

Der „Ausdruck" eines Gesichtes stellt eine noch deutlichere Mitteilung dar. Füge deinem Gesichtsausdruck eine Geste hinzu, und es wird kaum einen Zweifel daran geben, was du meinst. Was bedeutet wohl eine geballte Faust oder ein finsterer Blick? Zu allen Zeiten haben Künstler gewußt, daß die ausdrucksvollsten Teile des Körpers Gesicht und Hände sind.

Schau dir diese komische Figur an. Daß sie so dumm aussieht, erreicht der Zeichner Patrick Hughes dadurch, daß er ihre Augen nahe zusammenrückt und den Kopf unterhalb der Stirn abschneidet. Auch die Geste ist unmißverständlich.

Kannst du dir vorstellen, wie Hughes einen supergescheiten Professor karikieren würde?

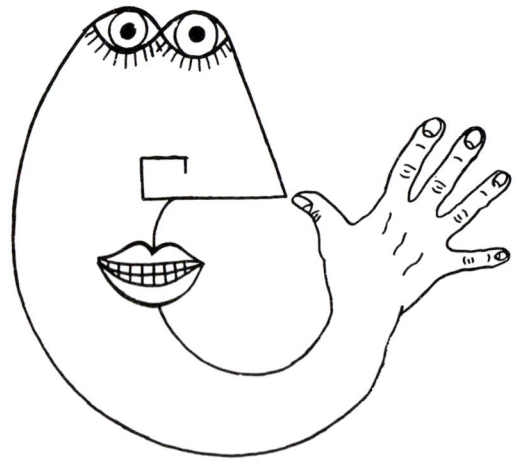

Was ist ein Porträt?

Ein Bild, das im wesentlichen das Gesicht einer Person zeigt, nennt man *Porträt.* Wenn du Porträts betrachtest, die vor ein paar hundert Jahren entstanden sind, wirst du rasch feststellen, daß die Menschen im Lauf der Zeit sich gar nicht so sehr verändert haben.

Schau dir beispielsweise den Mann hier im blauen Gewand an. Sein Por-

**Bildnis eines Mannes
von Tizian
gemalt um 1508
Größe 81 x 66 cm**

trät wurde vor mehr als vierhundert Jahren von einem italienischen Künstler namens Tizian gemalt. Aber seinem Gesicht – und sogar einem Haarschnitt wie diesem – könntest du auch heute auf der Straße begegnen.

Das Gesicht des Mannes zeigt ein geheimnisvolles, halbverstecktes Lächeln. Freut er sich darüber, sein Porträt gemalt zu bekommen? Wirkt er vielleicht ein bißchen eitel – als wollte er sagen: Ich mache eine gute Figur, das wird doch jeder zugeben? Oder liest du aus seinem Gesichtsausdruck etwas anderes heraus?

Eine Art der Vollkommenheit

Erinnerst du dich an Crivellis *Verkündigung,* das Bild mit der Jungfrau Maria? Ist dir aufgefallen, wie der Maler ihrem Gesicht Zartheit gegeben hat, indem er für Augen und Mund ganz feine Linien verwendete? Das Gesicht ist von großem Liebreiz. Aber die Züge sind so vollkommen, daß du nie auf den Gedanken kommen würdest, du könntest einem Gesicht wie diesem auf der Straße begegnen. Crivelli malte Maria auf diese Weise, um ihre Heiligkeit und Auserwähltheit zu zeigen.

In der Sonne sitzen

Vergleiche das Porträt des Mannes im blauen Gewand mit dem Gesicht dieses Jungen aus Seurats Gemälde *Badeplatz in Asnières.* Der Mann sieht doch wie eine wirkliche Person aus. Der Junge dagegen scheint überhaupt keine eigene Persönlichkeit zu haben. Sein Gesicht ist ausdruckslos – du kannst nicht einmal seinen Mund oder seine Augen sehen. Und doch gewinnst du den Eindruck, daß der Junge erhitzt und müde ist. Bemerkst du die rötlich-blaue Färbung seines Gesichts? Diese Farbe bekommt die Haut in der prallen Sonne.

Ein qualverzerrtes Gesicht

Hier ist eines der fremdartigen, erschreckenden Gesichter aus Picassos *Guernica,* das der Mutter mit dem toten Kind. Die Form des im Schmerz zurückgeworfenen Kopfes ist durch den schreiend geöffneten Mund zerrissen. Die Stellung der Augen gibt dem Gesicht einen Ausdruck von Irrsinn, ausgelöst durch das schreckliche Geschehen. Neben dem fast leeren, ruhigen Gesicht des toten Kindes wirkt diese zerrissene Form noch erschütternder. In ihr ist der ganze Wahnsinn des Krieges ausgedrückt.

Menschen von gestern in Kleidern von heute*

Sammle Bilder von Leuten und stelle fest, wer von ihnen modern wirkt. Ein einfacher Weg, das zu erreichen, besteht darin, die Köpfe in Kleider von heute zu stecken.

Schneide in ein Stück Papier ein Loch, groß genug, um das Bild eines Gesichts darunterschieben zu können. Zeichne dann eine Figur dazu, die Jeans und ein T-shirt oder einen Rock trägt. Das Ergebnis kann sehr komisch sein.

Was Kleider aussagen können

Überlege einmal, wie du dich anziehst. In der Schule trägst du deine Alltagskleider. Wenn du bei einem Freund oder einer Freundin eingeladen bist, ziehst du vielleicht dein Lieblingskleid oder deinen neuen Anzug an.

Es gibt unterschiedliche Kleider für unterschiedliche Gelegenheiten. Was du trägst, sagt einiges über dich aus; *wie* du deine Kleider trägst, sagt sogar noch mehr.

Reichtum und Macht

Die Art, wie Leute sich kleiden, gibt uns Hinweise darauf, wer sie sind, wie sie leben und welche Stellung sie haben. Schau dir dieses Porträt der Königin Elisabeth I. von England an. Reichtum und Macht dieser fürstlichen Dame stehen außer Zweifel. Siehst du die kostbaren Steine, mit denen die Borte auf ihrem Kleid besetzt ist? Hast du auch das herzförmige Juwel entdeckt, das sie an einer Kette um den Hals trägt? Und dann schau dir die feinen Spitzen der Halskrause an und die Goldstickerei auf dem Schleier, der Kopf und Schultern der Königin einfaßt. Beachte auch, wie die mit Stickerei, Gold und Juwelen geschmückten Ärmel sich vom dunklen Stoff des Kleides abheben. Kannst du dir vorstellen, wie weich und geschmeidig der Fächer aus Straußenfedern ist?

Die Farbigkeit, die kostbaren Oberflächen und der Glanz des Bildes werden jeden Betrachter beeindrucken. Das wollte Elisabeth wohl auch erreichen, als sie sich malen ließ. Wer das Bild sah, sollte etwas von ihrer Macht spüren können.

Dieses Bild zeigt uns, wie eine reiche Dame aus königlichem Hause im 16. Jahrhundert gekleidet war. Aber während Königin Elisabeth in Samt und Gold einherschritt, trugen die Menschen in ihrem Reich einfache wollene Kittel und Röcke aus grobem Leinen.

**Königin Elisabeth I.
von einem unbekannten Maler
gemalt um 1585
Größe 95 x 82 cm**

Persischer Luxus

Manchmal ist es natürlich schwer zu sagen, ober der Maler sich an die Wirklichkeit hält oder einfach Fantasiekleider erfindet. Auf dem persischen Bild vom *Zweikampf der Ärzte* hat jeder Höfling goldene Verzierungen auf seinem Gewand. Glaubst du, daß jedermann sich solche kostbare Stickerei leisten konnte oder daß der Künstler seinem Bild nur Reichtum und Glanz geben wollte, indem er über alle Farben herrliche Muster legte?

Vor 500 Jahren

Schau dir das kleine Mädchen aus dem Verkündigungsbild an, das um eine Mauerecke lugt. Was kannst du über dieses Kind sagen? Es ist jedenfalls nicht arm und hungrig – schau nur seine vollen Backen an! Es ist hübsch gekleidet, sein Kopf ist von einer enganliegenden Mütze umschlossen, und der Saum seines Kleides ist mit Stickerei verziert. Es könnte die Tochter eines reichen Kaufmanns aus der Stadt sein. Kannst du dir vorstellen, zu welchem Anlaß sie sich so fein angezogen hat?

Etwas über die Vergangenheit zu lernen, ist viel interessanter, wenn man weiß, wie die Leute früher wirklich ausgesehen haben. Aus Bildern kann man da eine Menge erfahren.

Bauern und Kaufleute

Auf Avercamps Winterlandschaft kannst du sehen, daß die Leute zu seiner Zeit unterschiedlich gekleidet waren. Es gab damals Gesetze, die genau bestimmten, was die Angehörigen der einzelnen Stände und Berufe tragen durften.

Zwei der Schlittschuhläufer sind reich gekleidet, die anderen wirken einfach und sind vielleicht Bauern aus dem nahegelegenen Dorf. Schau dir jetzt einmal einige Einzelheiten an. Tragen wir heute noch solche Schlittschuhe und Hüte?

Vorschlag für ein Sammelalbum*

Auf einem Gemälde kann die kleinste Einzelheit interessant sein. Du könntest Stunden damit verbringen, in einem Museum nur Schuhe, Hüte oder Frisuren zu betrachten.

Wie wäre es, wenn du dir ein Postkartenalbum anlegen würdest, in dem du Bilder verschiedener Kleider sammelst? Du könntest dich auf Beispiele beschränken, die Kleider einer bestimmten Epoche oder eines bestimmten Landes zeigen. Oder sammle Bilder von Leuten mit jener Art von Spitzenkragen, wie ihn die Königin auf unserem Gemälde trägt. Das wäre ein ausgefallenes Thema.

Wie scharf sind deine Augen

Jetzt hast du Gelegenheit zu überprüfen, wie genau du dir die Bilder von Seite 6 bis 17 angeschaut hast. Hier sind noch einmal die Titel dieser sechs Bilder:

Schlittschuhläufer bei einer Wasserburg
Der Zweikampf der Ärzte
Guernica
Badeplatz in Asnières
Verkündigung an Maria
Der Seefahrer

Errätst du, aus welchem Bild jedes der gezeigten Details stammt? Bevor du zurückblätterst, hier ein paar Hinweise:
Nehmen wir den ersten Ausschnitt, auf dem ein kleines Boot zu sehen ist. Eines der großen Bilder in diesem Buch ist nur in Schwarz-, Weiß- und Grautönen mit festen, scharfen Linien gemalt. Picassos *Guernica.* Aber dieses Boot hat weiche Farbübergänge, also kann es nicht aus Picassos Bild sein.

In Klees *Seefahrer*-Gemälde kommt ein Boot vor. Hast du bemerkt, wie es aus kleinen Formen unterschiedlicher Farbigkeit aufgebaut ist? Das Boot auf dem Ausschnitt wirkt körperhaft, fest und weist dunkle Schatten auf. Aus Klees Bild ist es also auch nicht.
Wie steht es mit dem Bild von Maria und dem Engel? Es ist sorgfältig und genau gemalt und zeigt an Gebäuden und Kleidern eine Menge feinster Einzelheiten. Aus diesem Bild kann der Ausschnitt ebenfalls nicht sein.
Nun sind nur noch ein paar Bilder übrig, über die du selbst nachdenken kannst. Welches weist dieselbe Farbigkeit und Stimmung wie das kleine Boot auf?

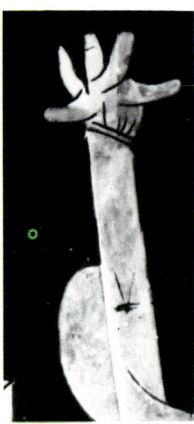

Die Handschrift des Malers

Alle Unterschiede, die du beobachtet hast, sind Teil dessen, was man den *Stil* eines Malers nennt. Jeder Künstler malt seine Bilder in einer eigenen, individuellen Art. Es ist wie bei der Handschrift. Vielleicht kannst du die Schrift deines besten Freundes, deiner Mutter oder deines Lehrers sofort erkennen. Wenn wir von Stil sprechen, sagen wir nichts anderes, als daß ein Künstler beim Malen eine bestimmte „Handschrift" hat.

Von der Höhlenwand zur Leinwand

Die Natur ist voller Farben

Bis vor gar nicht langer Zeit wurden die meisten Farben aus natürlichen Substanzen gewonnen: aus Erden, Steinen, Metallen oder Pflanzen und getrockneten Insekten.

Zur Herstellung von Farben muß der Rohstoff zuerst zu feinem Pulver zermahlen werden; auf diese Weise erhält man ein *Pigment*. Dieses wird mit einem *Bindemittel* verrieben, das bewirkt, daß die Farbteilchen auf dem Malgrund haften bleiben. Als Bindemittel kommen bestimmte Öle (z.B. Leinöl), Pflanzengummi, Leim, Eiweiß und anderes in Frage. Erinnerst du dich an das blaue Gewand des Doktors auf dem persischen Bild von Seite 9? Die Farbe dafür wurde aus einem kostbaren Halbedelstein, dem Lapislazuli, gemacht, der staubfein zermahlen und mit Pflanzengummi gemischt wurde. Grüne Pigmente werden aus *Grüner Erde* gewonnen, ein kräftiges Gelb aus *Gelbem Ocker*, einer tonhaltigen Erde. *Terra di Siena* (Sienaerde) — ein Erdpigment, das früher besonders in der Nähe der italienischen Stadt Siena gefunden wurde — ergibt ein zartes, leuchtendes Gelb. *Krapplack*, ein schönes rosa Pigment, wird aus den gemahlenen Wurzeln der Krapp-Pflanze hergestellt. *Karmin* ist ein tierischer Farbstoff, den die Weibchen der Cochenille-Schildlaus enthalten; zur Gewinnung der Farbe werden die getrockneten Läuse ausgekocht.

Heute werden diese Farbstoffe vielfach durch künstliche Pigmente ersetzt.

Felsbild aus der Altamira-Höhle vor etwa 20 000 Jahren gemalt Höhe etwa 77 cm

Die ersten Künstler der Welt

Für dieses Bild eines Bisons, das vor etwa 20 000 Jahren an die Wand einer Höhle bei Altamira in Spanien gemalt wurde, hat der Maler die Farbstoffe verwendet, die er in seiner Umwelt vorfand. Um Bilder wie dieses zu machen, ritzten die Künstler der Vorzeit zuerst mit einem Feuerstein den Umriß in die Wand und füllten ihn dann mit Farbe. Die braunen, gelben und rötlichen Pigmente verschafften sie sich, indem sie eisenhaltige Mineralien zwischen Stei-

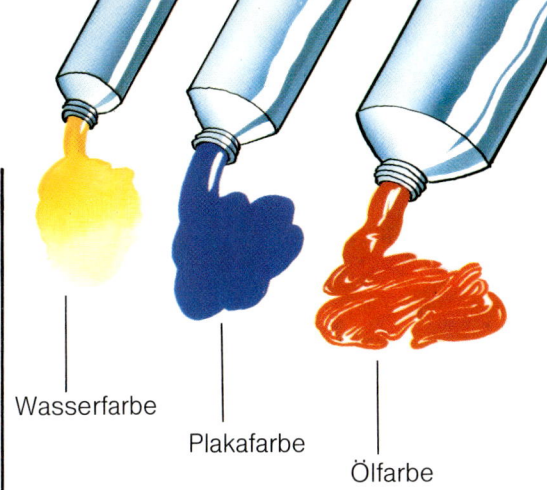

Wasserfarbe

Plakafarbe

Ölfarbe

Wie hingehaucht

Schau dir jetzt das Bild eines Eisvogels an, das der japanische Künstler Yamanaka Shönen als Illustration zu einem Buch geschaffen hat. Es ist mit Wasserfarben gemalt, mit denen sich besonders feine, luftige Wirkungen erzielen lassen. Sie enthalten nämlich als Bindemittel Gummiarabikum (Pflanzengummi), das in Wasser löslich ist; die Farben können daher stark verdünnt werden, so daß das Papier durchscheint. Du kannst das bei den zarten Blau- und Brauntönen dieses Bildes beobachten.

**Eisvogel
von Yamanaka Shönen
gemalt zwischen 1806 und 1820
Größe 19 x 27 cm**

nen zerrieben. Diese Pigmente vermischten sie mit Pflanzensäften, Tierblut oder Fett und stellten sich so Farben her. Schwarze Farbe konnte aus Ruß oder Holzkohle gemacht werden, weiße aus Kalk oder Kreide. Die Künstler trugen die Farben wahrscheinlich mit den Fingern auf oder mit Pinseln, die sie aus Haaren, Federn oder zerkauten Zweigen gefertigt hatten.
Kannst du dir vorstellen, wieviel Zeit und harte Arbeit es kostete, auf diese Weise ein Bild zu malen?

Farben für jeden Zweck

Heutzutage gibt es alle Arten von Farben fertig zubereitet in Tuben — und jede Art hat ihre Besonderheiten.
Wasserfarben wirken blaß und durchscheinend, ganz anders als Plakafarben, die matt auftrocknen. Guasch- und Temperafarben sind deckend und ähneln im Aussehen den Plakafarben. Alle genannten Farben werden vorwiegend auf Papier verwendet. Ölfarbe ist dickflüssig und trocknet glänzend auf; sie läßt sich auf Leinwand, Holz und Papier gebrauchen. Die meisten in diesem Buch wiedergegebenen Gemälde sind mit Ölfarbe gemalt. Da es lange (zwischen acht Stunden und zwei Tagen) dauert, bis Ölfarben trocken sind, greifen viele moderne Künstler zu schnell trocknenden Acrylfarben, mit denen sich die gleiche glänzende Oberfläche erzielen läßt wie mit Ölfarben.

Selbstgemachte Farben*

Dazu brauchst du ein Stück weiße oder farbige Kreide, zwei Teelöffel Speiseöl, eine feste Unterlage und einen Löffel aus Metall. (Frage deine Mutter, ob du diese Dinge benützen darfst.) Brich die Kreide in Stücke und zermahle sie mit dem Löffelrücken zu feinem Pulver. Füge dann das Öl tropfenweise hinzu und rühre die Mischung, bis sie glatt ist.

Tausendundeine Farbe

Was ist deine Lieblingsfarbe? Rot, Gelb, Grün oder eine andere? Besinn dich einen Augenblick und überlege dann, wie du diese Farbe mit Worten beschreiben würdest. Ein Beispiel: Es nützt nicht viel zu sagen: „Ich mag Grün am liebsten." Denn der eine denkt dabei vielleicht an „grasgrün", ein anderer an „flaschengrün". Es gibt so viele verschiedene Farbschattierungen, und sie lösen beim Betrachten ganz unterschiedliche Empfindungen aus.

Blau, blau oder blau?

Nehmen wir das Wort „blau". Notiere dir einmal verschiedene Blaus, die du schon gesehen hast: himmelblau, tintenblau, vielleicht kornblumenblau. Dann schau dich um, was du an blauen Gegenständen in eurer Wohnung entdeckst, und versuche, ein Wort zu finden, das genau beschreibt, wie das jeweilige Blau aussieht. Wie würdest du das Blau vom Ärmel des Mannes auf Seite 26 benennen? Rauchblau? Hyazinthenblau? Meerblau? Wenn dir keines dieser Wörter passend erscheint, kannst du künftig diese spezielle Farbe vielleicht als „Tizian-Ärmel-Blau" bezeichnen.

Ein Farbenspiel*

Mit deinen Freunden kannst du dieses Wörterspiel auch bei anderen Farben ausprobieren, z.B. „toastbraun" statt gewöhnlichem Braun oder „gewitterwolkengrau" statt einfachem Grau. Für jede neue Farbbezeichnung bekommt man einen Punkt.

Mischen von Grundfarben

Rot, Gelb und Blau werden Primärfarben genannt. Wenn du sie in der oben angegebenen Weise mischst, ergeben sich die drei *Sekundärfarben* Orange, Grün und Violett.
Es gibt viele Arten von Gelb, Rot und Blau. Versuche Farben zu finden, die den gezeigten entsprechen. Das Rot wird Magenta genannt – es geht etwas ins Rosa, aber als Grundlage für Mischfarben ist es das geeignetste Rot.

Herstellen von Farbtönen

Wenn du verschiedene Mengen von Primärfarben mischst, erhältst du unterschiedliche Abstufungen der Sekundärfarbe. Nimm ein Vergrößerungsglas und betrachte damit die Sekundärfarben oben. Siehst du, wie Violett sich aus Punkten von Blau und Magentarot aufbaut? Grün hat blaue und gelbe Punkte, Orange rote und gelbe. Brauntöne sind Mischungen aller drei Primärfarben.

Ein Versuch*

Lege einen Fetzen rotes Papier auf weißes und ein Stück von demselben roten Papier auf braunes Papier. Auf welchem Untergrund wirkt das Rot lebhafter? Wiederhole den Versuch mit Rot auf seiner Komplementärfarbe Grün. Die Wirkung der Farbe ändert sich je nach der Verbindung, in der sie vorkommt. Farben wirken kräftiger, wenn sie mit ihrer Gegenfarbe zusammentreffen. So scheint ein Blau „blauer", wenn es neben Orange steht, ein Gelb ist kräftiger, wenn es in der Nachbarschaft von Violett auftritt.

Farbvergleiche*

Schau dir die Farben auf diesen sechs Paletten genau an. Erinnere dich jetzt an die sechs Gemälde, die auf den Seiten 6–17 dieses Buches abgebildet sind:

1. *Schlittschuhläufer bei einer Wasserburg*
2. *Der Zweikampf der Ärzte*
3. *Guernica*
4. *Badeplatz in Asnières*
5. *Verkündigung an Maria*
6. *Der Seefahrer*

Jede Palette entspricht den Farben auf einem dieser sechs Gemälde. Kannst du die Buchstaben den richtigen Zahlen zuordnen? (Auf der Palette d befinden sich nur Schwarz, Weiß und Grau; du solltest also leicht erraten können, zu welchem Gemälde sie gehört.)

a b c 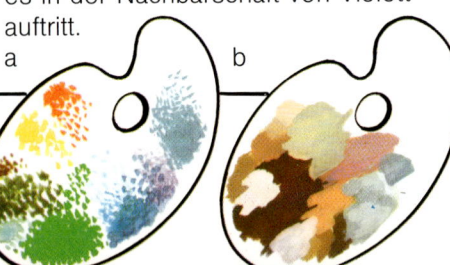 d

Gegenfarben

Die Farben, die sich im Mittelfeld dieses Kreises gegenüberstehen, werden Gegenfarben oder *Komplementärfarben* genannt: Grün und Rot, Orange und Blau, Violett und Gelb.

Der äußere Kreis zeigt einige Farbtöne, die man erhält, wenn man Primärfarben in verschiedener Menge mischt. Künstler gewinnen auf diese Weise Hunderte unterschiedlicher Farbtöne.

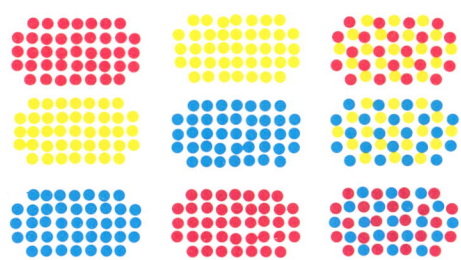

Ein Punktespiel*

Erinnerst du dich, wie Seurat kleine Farbpunkte nebeneinandersetzte? Auf dieser Seite kannst du beobachten, wie im Druck Sekundärfarben sich aus Punkten von Primärfarben aufbauen. Versuche das einmal selbst mit roten und gelben, blauen und gelben, blauen und roten Punkten. Hefte dein Blatt an die Wand und tritt etwa vier Meter zurück. Was geschieht? Du solltest nun Grün, Orange und Violett sehen.

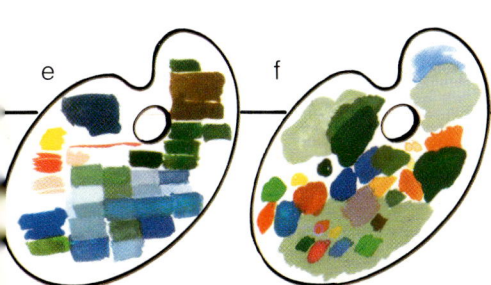

e   f

Die Weinbergschnecke von Henri Matisse Farbiger Scherenschnitt geschaffen 1953 Größe 280 x 280 cm

Dieses Bild besteht aus farbigen Flächen auf weißem Grund. Auf den ersten Blick wirkt die Anordnung der Formen ganz zufällig. Aber wenn du genauer hinsiehst, bemerkst du, daß einige von ihnen eine Spirale bilden, die an ein Schneckenhaus erinnert.

Um dieses Bild zu gestalten, hat Henri Matisse zuerst die Farben auf einzelne Blätter aufgetragen, diese dann ausgeschnitten und sie auf einen weißen Hintergrund aufgeklebt. Eine solche Arbeit nennt man *Collage*. Die Farben sind ebenso überlegt angeordnet wie die Formen. Achte darauf, wie die große, blaue Fläche ihre Komplementärfarbe Orange berührt. Kannst du auch Beziehungen zwischen roten und grünen Formen entdecken? Wenn du immer noch glaubst, die *Weinbergschnecke* sehe nach einem Zufallsergebnis aus, dann versuche einmal, ein paar farbige Papierschnitzel auf dem Fußboden zu verstreuen. Du wirst rasch feststellen, daß Matisse sein Bild nicht auf diese Weise gemacht hat!

Die Antwort findest du auf Seite 46.

Perspektive:

Hast du manchmal das Gefühl, in ein Bild hineingehen zu können wie Alice im Wunderland? Das kommt daher, weil die Maler dieser Bilder einen optischen Trick benützen, den man Perspektive nennt.

Seit dem 15. Jahrhundert haben Künstler in Europa Methoden entwikkelt, mit denen sie den Eindruck erwecken, ihre Bilder seien keine flachen Tafeln oder Leinwände, sondern Fenster, durch die man in die Ferne blicken kann. Erinnerst du dich noch an die Ausdrücke, die wir eingeführt haben, um ein perspektivisch gemaltes Bild zu beschreiben? Den Teil, der dem Betrachter am nächsten zu sein scheint, nennen wir *Vordergrund,* den entferntesten Teil *Hintergrund* und das Stück dazwischen *Mittelgrund.* Der Aufbau ist wie bei einem Papiertheater mit Figuren, Kulissen und einer gemalten Rückwand. Dem Bühnenvorhang entspricht der Rahmen des Bildes.

Hintergrund
Mittelgrund
Vordergrund

Zauberei . . .

Methode . . .

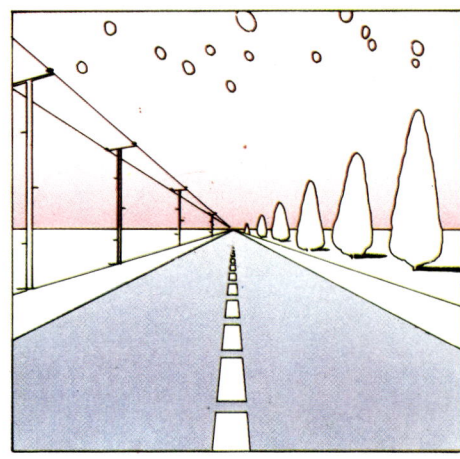

Linien
Maler schaffen den Eindruck von Entfernung auf verschiedene Weise: 1. Sie verwenden Linien, die sich alle in einem Punkt am Horizont treffen (Linearperspektive).

Oberflächen
4. Sie geben die Beschaffenheit der Oberfläche, z.B. Gras, Pelz, Kies, im Vordergrund deutlich erkennbar wieder, lassen sie in der Ferne aber verschwommen erscheinen (Oberflächenperspektive).

Trick?

Größe
2. Sie malen Dinge im Vordergrund als gleichartige Dinge in der Ferne (Maßstabsperspektive).

Dinge im Vordergrund
3. Sie malen Personen oder Gegenstände so, daß die im Vordergrund einen Teil der hinter ihnen befindlichen verdecken (Umrißperspektive).

Strecke deinen Daumen aus und peile über ihn ein entferntes Gebäude an. Was ist größer, dein Daumen oder das Bauwerk? Du *weißt,* daß Häuser größer sind, also besagt diese Zeichnung, daß sie „ein gutes Stück" weit weg sein müssen.

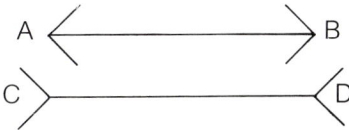

Hier siehst du, wie deine eigenen Augen dich täuschen können. Du hast zwei Linien vor dir, AB und CD. Welche ist länger? Nimm ein Lineal und miß beide nach!

Blasse Fernen
5. Sie verwenden für entfernte Gegenstände blasse, bläuliche Farben (Luftperspektive).

Findest du sie wieder?*
Wie viele der fünf perspektivischen Darstellungsarten kommen auf dieser Zeichnung vor?
Schau dir andere Bilder in diesem Buch an und versuche herauszufinden, wie viele der genannten Möglichkeiten der Maler jeweils benutzt.

Welche Katze ist größer und welche kleiner? Überprüfe deine Antwort mit Hilfe des Lineals. Siehst du, warum deine Augen dir einen Streich gespielt haben? (Ein Tip: Es hängt mit den Linien zusammen.)

Spaziergang mit einer Linie

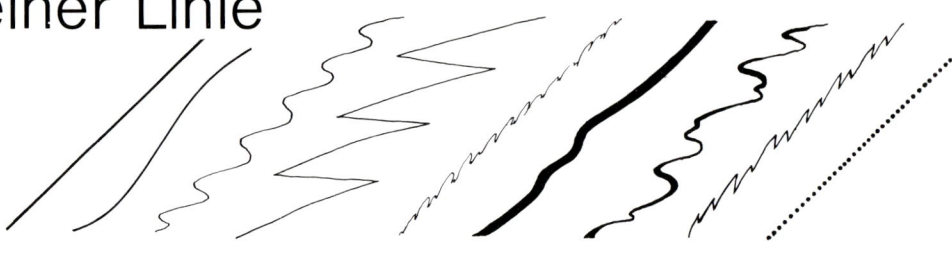

Der Maler Paul Klee hat Zeichnen einmal als Spaziergehen mit einer Linie beschrieben. Beobachte, wie die Linie hier über den unteren Rand der Seite „spaziert". Sie beginnt ganz langsam mit einer sanften Kurve und macht dann kurze, nervöse Zickzackbewegungen. Nun wird sie zu einer breiten Wellenlinie, läuft dann ein Stück geradeaus, bevor sie sich nach allen Richtungen dreht und wendet. Plötzlich hüpft sie in winzigen, kräftigen Punkten weiter, und schließlich wandert sie irgendwie zum rechten Rand hinaus. Sieht es nicht so aus, als ob die Linie ihren ganz persönlichen Charakter hätte?

Mit Kritzeln fängt es an

Wenn du mit einem Bleistift auf einem Blatt Papier herumkritzelst, baust du aus Linien irgendwelche Muster auf. Ergibt dein Gekritzel geometrische oder Spiralmuster — oder etwas anderes? Wenn du genau aufpaßt, wirst du auf den verschiedensten Dingen Muster entdecken.

Linien als Linien

Kannst du hier eine gerade Linie ausmachen? Eine gekrümmte, eine gezackte, eine punktierte, eine Wellenlinie? Welche Linien sind dick und welche dünn? Und gibt es eine, die sowohl dick als auch dünn ist? Psychologen behaupten, sie könnten aus der Art, wie jemand kritzelt — selbst aus Linien wie diesen hier — eine Menge über seinen Charakter und seine Stimmung erfahren.

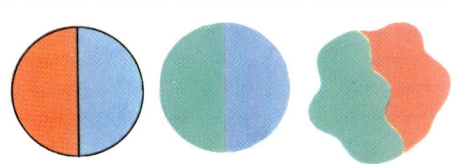

Linien als Grenzen

Du kannst eine Linie machen, ohne sie wirklich zu zeichnen, wenn du zwei Farben aneinanderstoßen läßt. Hier besteht eine solche „Grenz"-Linie zwischen Orange und Blau.

Umrißlinien und -formen

Schau, wie anders eine gezeichnete Grenzlinie aussieht. Mit Farbe läßt sich auch eine Umrißform gestalten. Sie kann glatt, rauh oder verschwommen sein.

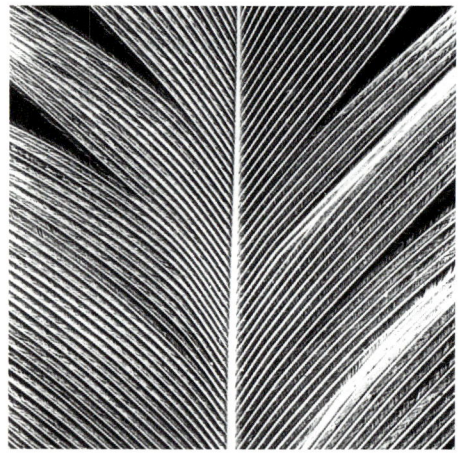

Umrisse

Bei einer Feder laufen von einem Mittelpunkt feine Linien fächerförmig nach außen. Auch bei Blättern ist dieses Muster zu sehen. Betrachte Kiefernzapfen, Spinnengewebe oder Muscheln. Mache einen Abdruck von deinem Finger.

Grätenlinien

Schau dir diesen Ausschnitt aus Klees Gemälde *Der Seefahrer* an. Du kannst die Umrißlinien der Fische erkennen, aber der Künstler verwendet Linien auch für allerlei raffinierte Muster. Erinnern die spitzen Linien nicht an Schuppen und Gräten?

Schlage noch einmal die Seiten 16–17 auf und suche auf dem Gemälde Klees Signatur. Klee könnte seinen Namen absichtlich mit krakeligen Buchstaben geschrieben haben, um ihn dem Charakter seines Bildes anzupassen.

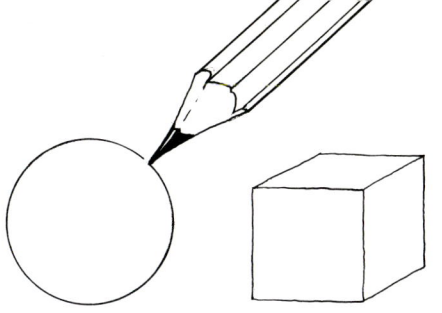

Linien als Formen
Eine Linie kann eine flache, zweidimensionale Form wie diesen Kreis beschreiben oder eine dreidimensionale wie diesen Würfel.

Allerlei Formen
Versuche, wieviele Formen – zwei- und dreidimensionale – du mit einer Linie zeichnen kannst. Hier sind einige Vorschläge: Sterne, Wolken, Kegel, Dreiecke, Rechtecke.

Linien als Bilder
Um etwas zu beschreiben – z.B. einen Fisch – kannst du Wörter verwenden oder Linien. Aber wenn du Muster machst, tust du es einfach aus Spaß an den Linien selbst.

Allerlei Muster
Muster können unregelmäßig sein – wie auf einem Schmetterlingsflügel – oder geometrisch – wie die Sechsecke, aus denen eine Bienenwabe besteht.

Linien der Qual
Hast du bemerkt, wie Picasso auf seinem Gemälde *Guernica* kurze, scharfe Linien nebeneinandersetzt? Sie „klingen" wie das Ratatat von Maschinengewehren. Mit ihnen zielt der Künstler auf unsere Nerven, um uns aus unserer Gleichgültigkeit herauszureißen.

Schönheit der Geometrie
Im *Zweikampf der Ärzte* finden sich herrliche, aus Linien gebildete Muster. Auf dem Podest des Thrones und dem gefliesten Fußboden kannst du kleine Kreise, Sechsecke und sechszackige Sterne entdecken.

Findest du diese Linien?*
Blättere zurück zu den Bildern dieses Buches und überlege, bei welchen die Linien eine besondere Rolle spielen. In Klees *Seefahrer* und in Picassos *Guernica* fallen sie sofort auf. Wie steht es mit Crivellis *Verkündigung*? Wenn du dir das Bild auf dem Kopf stehend anschaust, wirst du die Linien gleich bemerken.
Erinnerst du dich an den Baum auf Avercamps *Winterlandschaft*? Die Linien seiner Zweige bilden ebenfalls ein sehr reizvolles Muster.
Nun zu Tizians *Bildnis eines Mannes*. Es enthält keine kräftigen Linien. Aber siehst du, wie Tizian das Blau des Ärmels von dem dunklen Mantel abgesetzt hat? Vielleicht findest du solche Grenzlinien zwischen zwei Farben auch auf Seurats Bild des *Badeplatz in Asnières*. Es gibt in diesem Buch allerdings ein Bild, auf dem du kaum irgendwelche Linien entdecken wirst. Dem Künstler, der es gemalt hat, ging es vor allem um die Farbwerte, weniger um eine genaue Wiedergabe der Formen. Weißt du, welches Bild gemeint ist? (Es ist eine Brücke darauf zu sehen, aber selbst ihre Linien sind verschwommen.)

Zeichnen mit geschlossenen Augen*
Nimm ein Stück Papier und einen Bleistift. Mach die Augen zu und laß die Linie wie bei gedankenlosen Kritzeleien über das Blatt „wandern". Öffne die Augen und schau, wie deine Linie aussieht. Welche Wörter fallen dir ein, um sie zu beschreiben?

Licht und Dunkel

Die Verwendung von Licht und Schatten ist eines der sichersten Mittel, um auf einem Bild eine spannungsgeladene oder geheimnisvolle Atmosphäre zu erzeugen. Auf Bildern, die unsere Fantasie entzünden oder uns zu Tagträumen verleiten, spielt die Beleuchtung oft eine hervorragende Rolle, sei es in Form eines sanften Tageslichts, eines Sonnenstrahls, der aus den Wolken hervorbricht, oder einer Kerze, die in der Dunkelheit unheimlich flackert.

Manchmal verwendet ein Künstler das Licht, um unsere Aufmerksamkeit in eine bestimmte Bahn zu lenken. Schau dir Klees Gemälde *Der Seefahrer* auf den Seiten 16–17 an. Siehst du, wie die hellen Quadrate einen Lichtstrahl bilden, der unseren Blick in die Mitte des Bildes zieht?

Licht und Schatten

Du weißt wahrscheinlich, daß mittags, wenn die Sonne am höchsten steht, die Dinge kaum einen Schatten haben. Aber wenn das Licht aus irgendeiner anderen Richtung auf einen Gegenstand fällt, wirft er immer einen Schatten. Manche Maler verwenden Schatten, um Personen oder Gegenstände körperhaft oder räumlich wirken zu lassen. Erinnerst du dich an die Schattenpartien auf dem blauen Ärmel? Der bläuliche Schatten, den das galoppierende Pferd auf dem Gemälde *Der Cowboy* wirft, ist dir sicher aufgefallen.
Es gibt andere Bilder, bei denen der Maler sich gar nicht um Licht und Schatten kümmert. Schau dir die Bilder dieses Buches einmal daraufhin an! Welche Künstler arbeiten mit Licht und Schatten, welche nicht?

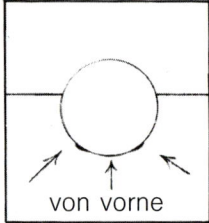  

von vorne — von hinten — von rechts — von links

Versuche mit Schatten
Was siehst du, wenn du einen Gegenstand von vorn mit einer Glühbirne oder einer Taschenlampe beleuchtest? Er wirft hinten einen Schatten. Kommt das Licht von hinten, erscheint der Schatten vorn.

Licht von einer Seite bedeutet Schatten auf der gegenüberliegenden Seite.
(Manchmal zeigt ein Maler die Sonne, eine Kerze oder Lampe im Bild. Aber in der Regel läßt er uns nur ahnen, wo sich die Lichtquelle befindet.)

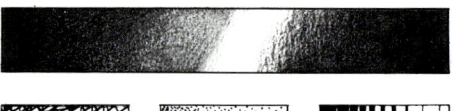
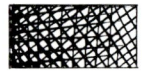 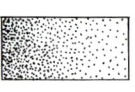 

Helles und dunkles Grau
Wenn du beim Schreiben zuerst kräftig, dann immer leichter mit dem Bleistift aufdrückst, erhältst du verschiedene Graustufen. Ein ähnliches Ergebnis kannst du mit Kreuzschraffuren, dichten und lockeren Punkten oder dicken und dünnen Strichen erzielen. Wieviel Grautöne kannst du aus verschiedenen Mengen weißer und schwarzer Farbe mischen?

Farben aufhellen und verdunkeln
Wenn du zu einer Farbe Weiß oder Schwarz hinzufügst, ändert sie ihren *Tonwert*. Versuche es, indem du Blau zuerst mit Weiß, dann mit Schwarz mischt. Wiederhole den Versuch z.B. mit Gelb. Du wirst feststellen, daß sich bei manchen Farben nicht nur der Tonwert, sondern ihr ganzes Aussehen verändert.

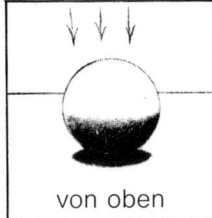

von oben

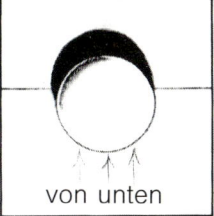

von unten

Licht von unten heißt Schatten oben. Licht direkt von oben ergibt einen fast nicht wahrnehmbaren Schatten unten.
Setze diese Versuche fort, indem du das Gesicht einer Person auf verschiedene Weise beleuchtest.

Woher kommt das Licht*

Offenbar ist es der Schatten, der diese Tomate dreidimensional erscheinen läßt. Woran erkennst du, daß das Licht von der rechten Seite einfällt?
Schau dir jetzt die drei Personen unten an. Kannst du feststellen, wo sich die Scheinwerfer befinden, von denen sie angestrahlt werden?

Der Mann mit dem Goldhelm von Rembrandt gemalt um 1650 Größe 67 x 50 cm

Schau dir den prächtigen goldenen Helm dieses Mannes an. Er ist in helles Licht getaucht, während der Rest des Bildes, von einem schwachen Widerschein abgesehen, in tiefem Schatten versinkt.

Rembrandt verwendete Kerzenlicht, um unseren Blick auf Einzelheiten des Bildes zu lenken. Siehst du, wie es die Spitze der Federn und die goldene Schulterspange aufleuchten läßt? Es tanzt auch über das Gesicht des Mannes.
Kannst du herausfinden, wo Rembrandt seine Kerze aufgestellt hat, als er das Proträt dieses Mannes malte?

Mit den Augen fühlen

Wenn du einen Gegenstand berührst, kannst du ihn als hart, weich, glatt usw. beschreiben. Mit diesen Wörtern sagen wir etwas über seine Oberfläche oder *Textur*. Jedes Ding hat irgendeine Textur. Kies fühlt sich rauh an, Sand weich. Spiegeleier sind glitschig, Frühstücksflocken rösch.

Manchmal kannst du beim bloßen Anschauen schon spüren, wie sich etwas anfühlt. Du würdest vielleicht nie eine Eule oder einen Igel anfassen, aber du kannst *sehen,* wie ein solches Tier sich anfühlen würde. Auch über ein Gemälde wirst du praktisch nie mit den Händen streichen, trotzdem wirst du oft einen Eindruck davon haben, wie es wäre, die Dinge auf dem Bild — oder die Farben selbst — zu betasten.

Wenn du die Wiedergabe eines Gemäldes in einem Buch siehst, ist es dir nicht immer möglich, dir seine Textur vorzustellen. Aber in einem Museum kannst du einmal darauf achten, welche Bilder dich geradezu auffordern, sie zu berühren.

Wirbelnde Pinselstriche

Schau dir dieses Bild einer Sternennacht an. Siehst du, wie die Farben über die Leinwand wirbeln? Vor dem Originalgemälde juckt es einen geradezu, die Bewegung mit den Fingern nachzufahren.

Der Künstler Vincent van Gogh hatte einen ausgeprägten Sinn für Texturen. Er zeigt sich in der Art, wie er die Farben aufträgt, aber auch in den Motiven, die er für seine Bilder wählt. Die Oberfläche seiner Leinwand wirkt rissig. Und diese Strudel aus gelber Farbe: Sind sie nicht wie riesige Feuerräder, die über den Himmel rasen? Schau dir auch die Zypresse an, die wie eine Flamme züngelt und lodert.

**Sternennacht
von Vincent van Gogh
gemalt 1889
Größe 73 x 92 cm**

Hier ist eine Zeichnung van Goghs mit derselben Szene. Ihre Oberfläche ist glatt. Aber in den kraftvollen Linien spürst du die Textur der Bäume und Felder.

Glatt wie Seide

Erinnerst du dich an Tizians Porträt des Mannes mit dem blauen Gewand? Du kannst dir beim bloßen Betrachten vorstellen, wie weich und geschmeidig der Stoff dieses Ärmels ist. Die Oberfläche von Tizians Gemälde ist allerdings ganz glatt. Die Textur der Farbe ist nicht so deutlich zu „spüren" wie bei van Goghs *Sternennacht*.

Vergleiche die weichen Kurven Tizians und die ausgeprägten Linien in van Goghs Zeichnung. Tizian hat keine Linien verwendet, um die Textur wiederzugeben. Er läßt dich die schwere Seide „fühlen", indem er zeigt, wie sie sich in weiche Falten legt und knittert, wo der Mann seinen Arm beugt. Siehst du die Schatten in den Falten des glänzenden Gewebes? Tizian nimmt Licht und Schatten, um die Textur des Stoffes darzustellen.

Wir machen eine Collage*

Wie wäre es mit einer Collage aus Texturen, die in der Natur vorkommen? Du könntest trockene Blätter, Rindenstücke, Farne oder Gräser sammeln. Wähle verschiedene Farben und Texturen aus, ordne sie auf einem weißen Blatt Papier an und klebe sie darauf fest. Wenn du mehrere Farnblätter aufeinanderklebst, kannst du erhabene Oberflächen gestalten, wie van Gogh es mit Farben getan hat. Auch aus Sandpapier und Eierschalen oder aus Rupfen, Samt- und Seidenresten lassen sich Materialcollagen anfertigen.

Durchreibebilder*

Lege ein Blatt Papier auf irgendeine ungleichmäßige Oberfläche und fahre einfach mit einem weichen Bleistift darüber. Als Unterlage kannst du z.B. einen Ziegel, ein Mauerstück, ein astiges Fußbodenbrett nehmen. Du wirst dabei eine Menge verschiedener Texturen und Muster entdecken. Oder reibe die Rückseite von Blättern durch — dann hast du der Natur zugleich Formen und Texturen abgelauscht.

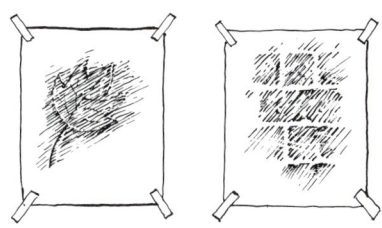

Die Teile und das Ganze

Wenn hundert Künstler dasselbe Motiv malten, würdest du danach hundert verschiedene Bilder sehen. Denn in jedem Künstler weckt ein Motiv andere Gefühle und Vorstellungen. Vielleicht ist es ein bestimmter Gedanke, der einen Maler zu einem Bild veranlaßt, aber die eigentliche Herausforderung besteht darin, den besten Weg zu finden, um ihn anderen mitzuteilen. Die erste Entscheidung, die der Maler dabei zu fällen hat, betrifft die Anordnung der Gegenstände und Farben auf dem Bild – die *Komposition*. Um sein Bild zu gestalten, hat der Maler die Mittel zur Verfügung, die wir auf den letzten Seiten besprochen haben: Farbe, Linie, Perspektive, Hell-Dunkel, Textur. Wenn er zu einer Entscheidung gekommen ist, welche Mittel er verwenden will, fügt er die Bestandteile seines Bildes entsprechend zusammen.

Gleichgewicht

Hier ist eine Möglichkeit gezeigt, Gegenstände auf einem Bild anzuordnen. Alle Elemente dieser Zeichnung sind gleichgewichtig behandelt. Vielleicht kommt dir eine solche Anordnung ein bißchen zu einfach vor. Aber ein Künstler kann unsere Aufmerksamkeit sehr leicht auf etwas lenken, indem er es mitten ins Bild setzt.

Hoppla!

Ein anderer Künstler will uns vielleicht ein Gefühl der Unsicherheit geben. Dazu kann er sein Bild bewußt aus dem Gleichgewicht bringen. (In Wirklichkeit wird es natürlich nicht hochkippen.) Diese Zeichnung gibt dir eine Vorstellung davon, wie ein Künstler den Schwerpunkt des Bildes absichtlich auf eine Seite verlagern und uns dadurch verwirren kann.

Variationen über ein Thema

Am Beginn seines Schaffens steht vielleicht eine innere Vorstellung oder ein großartiger Gedanke – die Aufgabe des Malers aber besteht darin, ihn auf die Leinwand zu übertragen.

Da ist möglicherweise ein Künstler, der sich bemüht, die Wunder der Natur zu erfassen. Er könnte unsere Aufmerksamkeit auf die weiche Rundung und die feine Zeichnung einer Schnecke lenken wollen, indem er das kleine Geschöpf genau und in allen Einzelheiten darstellt.

Einen anderen Künstler beschäftigt vielleicht die Vorstellung, was für ein gefährliches Leben so eine Schnecke führt, immer in Furcht, ein Vogel könnte sich auf sie stürzen. Dieser Künstler könnte eine unheimliche, alptraumhafte Szene schaffen – eine Welt riesiger Blätter und tiefer Schatten, in der die Schnecke mit spähenden Stielaugen dauernd auf der Hut sein muß.

Eigene Komposition*

Frage deine Eltern, ob du ein Stück Weichfaser- oder Korkplatte für dein Zimmer bekommen kannst. Überlege, wie du deine Bilder und andere Dinge darauf anordnen könntest.

Wenn du vor der leeren Pinnwand stehst, stell dir vor, du wärest ein Künstler vor einer weißen Leinwand. Womit beginnen? Das ist schon das erste Problem!

Lege zuerst einmal alles, was du unterbringen willst, auf die Platte. Schiebe die Dinge hin und her, bevor du sie feststeckst, um eine gefällige Anordnung zu finden. Du wirst feststellen, daß es dabei eine Menge zu bedenken gibt: die Größe und Formen, die Farben, die Zwischenräume, die frei bleiben sollen, und eventuell den Platz für dein Lieblingsbild.

Harmonie

Manche Bilder empfinden wir — wie Musikstücke — als ausgesprochen harmonisch. Vor diesem hier fühlen wir uns ruhig und entspannt aufgrund der ausgewogenen Komposition. Die Figurengruppe steht zwar immer noch auf einer Seite, aber sie erhält durch den Baum auf der anderen Seite ein Gegengewicht.

Zwei Porträts

Siehst du, wie ein Künstler der dargestellten Person Bedeutsamkeit verleihen kann, indem er sie genau in die Mitte der Bildfläche setzt? Schau dir jetzt das Bild an, das dieselbe Person leicht nach links verschoben zeigt. Der Maler will dadurch vielleicht erreichen, daß wir neugierig reagieren: Was für einen Charakter haben wir da vor uns?

Hast du schon einmal beobachtet, wie klein und langsam so eine Schnecke eigentlich ist? Auch dieses Erlebnis könnte die Fantasie eines Künstlers anregen. Vielleicht findet er es sogar lustig, daß Schnecken so langsam sind. Dann könnte er ein Bild malen, auf dem komische, kleine Schnecken alle irgendein Ziel ansteuern.

Wieder ein anderer Künstler wird beim Anblick einer Schnecke vielleicht von dem spiraligen Haus fasziniert sein, dessen Windungen klein beginnen und immer größer werden.

Kannst du dir vorstellen, welche Mittel der Komposition — Perspektive, Linie, Farbe, Licht, Textur — jeder dieser Maler verwenden würde? Fallen dir noch andere Möglichkeiten ein, wie sie die Schnecken auf ihren Bildern anordnen könnten?

Blättere jetzt ein Stück zurück und schau, wie Matisse seine farbigen Formen zu einer schneckenförmigen Spirale zusammenfügt. Die weißen Flächen auf seinem Bild sind ebenso sorgfältig komponiert wie die Formen selbst.

Wie es weitergehen könnte

Dieses Buch handelte davon, wie man Bilder anschaut und sich an ihnen freut. Es mußte dazu Reproduktionen verwenden. Aber das Originalgemälde – das der Künstler selbst geschaffen hat – ist zehnmal interessanter als jede Reproduktion. Ein Museumsbesuch kann daher zu einem richtigen Abenteuer werden.

Museumsbesuche

Erkundige dich einmal, wo in deiner Umgebung die nächste Gemäldegalerie ist. Vielleicht bist du schon einmal mit der Schule dort gewesen. Allein oder mit einem Freund hinzugehen, macht möglicherweise aber viel mehr Spaß. Denn du kannst dir Zeit lassen, stehen bleiben, wo es dir gefällt, und ein Bild, das dich interessiert, ganz aus der Nähe betrachten, um genau zu sehen, wie der Künstler seine Farben auf die Leinwand aufgetragen hat.

Schau ein Bild öfter an!

Versuche, an einem anderen Tag wiederzukommen, um eines deiner Lieblingsbilder anzuschauen. Beim zweiten Mal wirst du auf ihm manches bemerken, was dir vorher entgangen ist. Picasso sagte einmal, ein Bild würde nur durch die Person lebendig, die es betrachtet. Daß man jedesmal etwas Neues auf ihnen entdeckt, macht den Umgang mit Bildern so spannend.

Allerlei Beschäftigungen

Du kannst in einem Museum Spaß haben, ohne Lärm zu machen, andere Besucher zu stören oder von den Aufsehern zurechtgewiesen zu werden.

Motivjagd*

Du könntest z.B. nach Bildern stöbern, die eines deiner Lieblingsmotive zeigen, etwa Musikinstrumente, Maschinen, Katzen, Hunde oder Fabelwesen wie Drachen und Einhörner. Und du könntest überlegen, welches dieser Bilder das lustigste, das seltsamste, das aufregendste oder anziehendste ist und wie jeder Künstler das Motiv anders behandelt hat.

Wir machen Skizzen*

Wenn es dich stört, daß andere Leute dir zuschauen, nimm einen Notizblock und Bleistift mit und skizziere die Dinge, die dich besonders interessieren. Du könntest z.B. damit beginnen, Kleider und seltsame Hüte zu zeichnen. Oder Fensterformen, Kamine und Dachgiebel.

Vom Nutzen eines Suchers*

Manchmal ist in einem Museum so viel zu sehen, daß es schwerfällt, sich auf ein Bild zu konzentrieren. Und oft verleiten schwere, altmodische Rahmen dich dazu anzunehmen, daß auch die Bilder langweilig und altmodisch seien.
Mach dir einen Sucher, wie auf Seite 4–5 beschrieben. Mit ihm kannst du den Rahmen und alle anderen Bilder verdecken. Halte den Sucher vor die Augen und schaue durch das Loch. Dann laß ihn über das Bild wandern, bis du auf ein Detail stößt, das deine Aufmerksamkeit anzieht.

Weitere Entdeckungen

Plakate auf der Straße oder im Bus, Reproduktionen an der Wand des Klassenzimmers oder auf Schallplattenhüllen bieten dir manche Gelegenheit, etwas über Bilder und ihre Wirkung zu lernen oder das, was du in diesem Buch erfahren hast, zu überprüfen. Du kannst dir auch Bildbände in der Bücherei ausleihen.

Was in Büchern steht

Wenn dir ein bestimmtes Bild in diesem Buch besonders gefallen hat, möchtest du vielleicht mehr über den Künstler wissen, der es gemalt hat, und noch andere Bilder von ihm kennenlernen. Frage in der Bibliothek, ob es dort ein Buch über ihn gibt. Vielleicht möchtest du auch mehr über die Darstellungsmittel erfahren, von denen die letzten Seiten handelten – über Farben, Perspektiven usw. Auch darüber gibt es Bücher. Mit ihrer Hilfe kannst du zum Beispiel herausfinden, wann und wo die Perspektive entdeckt wurde oder seit wann Ölfarben in Gebrauch sind.

Eine eigene Sammlung*

Meinst du, es würde dir Spaß machen, zu Hause eine eigene „Galerie" zu haben? Dann könntest du damit beginnen, Bilder aus Zeitschriften auszuschneiden oder Kunstpostkarten zu sammeln. Vielleicht hast du Freunde in anderen Städten und Ländern, mit denen du tauschen kannst.
Bei deiner Sammlung solltest du dich auf ein Gebiet konzentrieren, auf bestimmte Motive, auf Werke eines Malers oder auf Bilder aus einem Jahrhundert.
Deine „Galerie" kannst du auf einer Pinnwand verwirklichen, wie auf Seite 45 gezeigt. Verwende dazu Stecknadeln – sie verdecken weniger von deinen Bilder als Reißzwecken.
Wenn du dich nach einiger Zeit an die ausgestellten Bilder gewöhnt hast, kannst du sie gelegentlich durch andere ersetzen.

(Hast du die richtigen Paletten auf Seite 34/35 herausgefunden? Es sind 1b, 2f, 3d, 4c, 5a, 6e)

Was soll das bedeuten?

Das ist ein merkwürdiges Bild. Ein Teil des Blicks aus dem Fenster ist durch eine Leinwand verstellt, die genau denselben Anblick innerhalb des Zimmers zeigt. Was ist wirklich – die Ansicht draußen oder die Leinwand drinnen? Wollte René Magritte mit diesem verwirrenden Bild uns vielleicht dazu anhalten, die Darstellung auf einem Gemälde nicht mit der Wirklichkeit zu verwechseln? Schau dir den Turm und den Straßenzug daneben an, der weit in die Ferne führt. Haben sie auf dem Bild nicht genau dieselbe Form wie in Wirklichkeit? Oder täuscht uns die Geometrie, auf deren Erfinder Euklid der Maler im Titel seines Bildes anspielt?

Wie reagierst du auf ein solches Bild, das keine Ähnlichkeit mit irgend etwas hat, das du je zuvor gesehen hast? Auf den ersten Blick wirst du es vielleicht nicht mögen oder verstehen. Das kann daher kommen, daß der Maler eine „Sprache" verwendet, die du nicht kennst; es ist, wie wenn jemand dich in einer fremden Sprache anreden würde. Versuche ein solches Bild immer wieder zu betrachten, bis du beginnst, seine Farben, Formen und Muster aufzunehmen. Wenn du es dann noch immer nicht verstehst, schau dir andere Bilder desselben Künstlers an oder besorge dir ein Buch über sein Werk. Du wirst oft leichter Zugang zu einem Bild finden, wenn du etwas über die Gedanken und Vorstellungen des Künstlers weißt. Im übrigen braucht es dich nicht zu stören, wenn du ein berühmtes Gemälde nicht magst – jeder Mensch reagiert nun einmal anders auf das, was er sieht. Und wenn du nicht aufhörst, zu schauen und dich mit Bildern zu beschäftigen, wirst du sicher manche entdecken, an denen du dauernd Freude haben kannst.

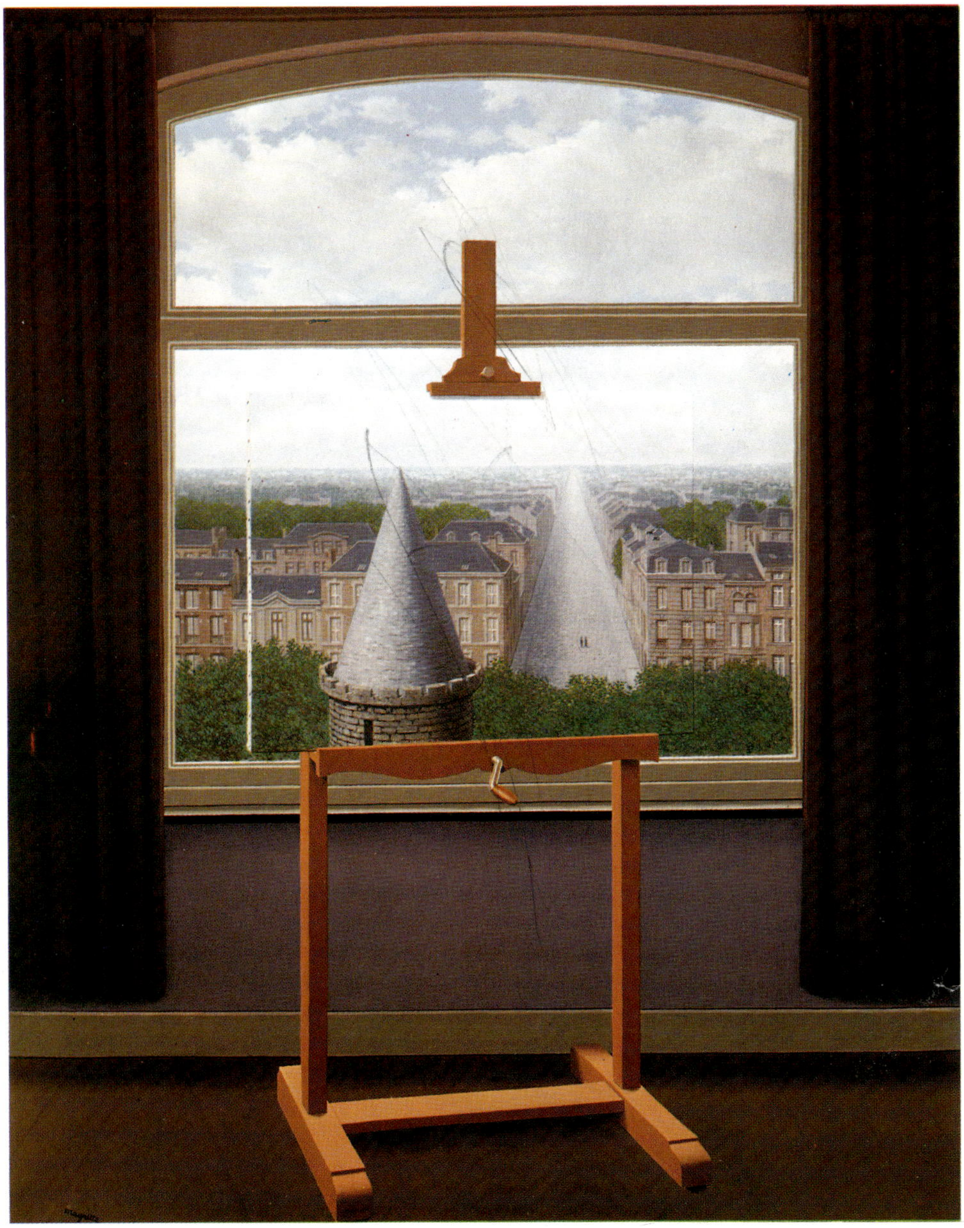

**Die Wege des Euklid
von René Magritte
gemalt 1955
162 x 130 cm**